# 给家长的沟通书

## THE PARENTING PROJECT

[美] 艾米·阿拉玛尔　[美] 克里斯廷·施利希廷　著
(Amy Alamar)　　　(Kristine Schlichting)

金嘉怡　译

图书在版编目（CIP）数据

给家长的沟通书 /（美）艾米·阿拉玛尔,（美）克里斯廷·施利希廷著；金嘉怡译. ——北京：北京联合出版公司, 2022.10
　　ISBN 978-7-5596-6315-3

Ⅰ.①给… Ⅱ.①艾…②克…③金… Ⅲ.①青少年教育—家庭教育 Ⅳ.①G782

中国版本图书馆CIP数据核字（2022）第122892号

THE PARENTING PROJECT
Copyright: © 2019 Quarto Publishing Group USA Inc.
Text © 2019 Amy Alamar and Kristine Schlichting
First Published in 2019 by Fair Winds Press, an imprint of The Quarto Group,
100 Cummings Center, Suite 265-D, Beverly, MA 01915, USA.

Simplified Chinese edition copyright © 2022 by Beijing United Publishing Co., Ltd.
All rights reserved.
本作品中文简体字版权由北京联合出版有限责任公司所有

## 给家长的沟通书

[美] 艾米·阿拉玛尔（Amy Alamar），
[美] 克里斯廷·施利希廷（Kristine Schlichting） 著
金嘉怡 译

出 品 人：赵红仕
出版监制：刘　凯　赵鑫玮
选题策划：联合低音
责任编辑：杭　玫
封面设计：象上设计
内文排版：聯合書莊

关注联合低音

北京联合出版公司出版
（北京市西城区德外大街83号楼9层　100088）
北京联合天畅文化传播公司发行
北京华联印刷有限公司印刷　新华书店经销
字数162千字　880毫米×1230毫米　1/32　8.5印张
2022年10月第1版　2022年10月第1次印刷
ISBN 978-7-5596-6315-3
定价：39.80元

版权所有，侵权必究
未经许可，不得以任何方式复制或抄袭本书部分或全部内容
本书若有质量问题，请与本公司图书销售中心联系调换。电话：（010）64258472-800

**致和我们朝夕交流的孩子们：**

亚历克斯、梅、泰迪、纳塔莉和亚历克。谢谢你们让我们成长为你们合格的父母。

# CONTENTS

## 目 录

序言      001

引言      005

第 1 部分    **我来说 / 你来说**
从日常会话到深度交流    010

第 1 章    开始了解你      013

第 2 章    对话的类型      039

第 3 章    让本书派上用场      061

第 4 章    对话开场白和提示      081

**第 2 部分　来对话吧**
　　　　　　日常出现的顾虑　　　　　　　104

第 5 章　以打开心扉为基础的对话　　　107
第 6 章　引导敏感对话　　　　　　　　137
第 7 章　勇敢面对和危险相关的对话　　163
第 8 章　培养品质的交流　　　　　　　193
第 9 章　推动有关勇敢的对话　　　　　225


结语　　　　　　　　　　　　　　　　257
推荐资源　　　　　　　　　　　　　　261
关于作者　　　　　　　　　　　　　　264

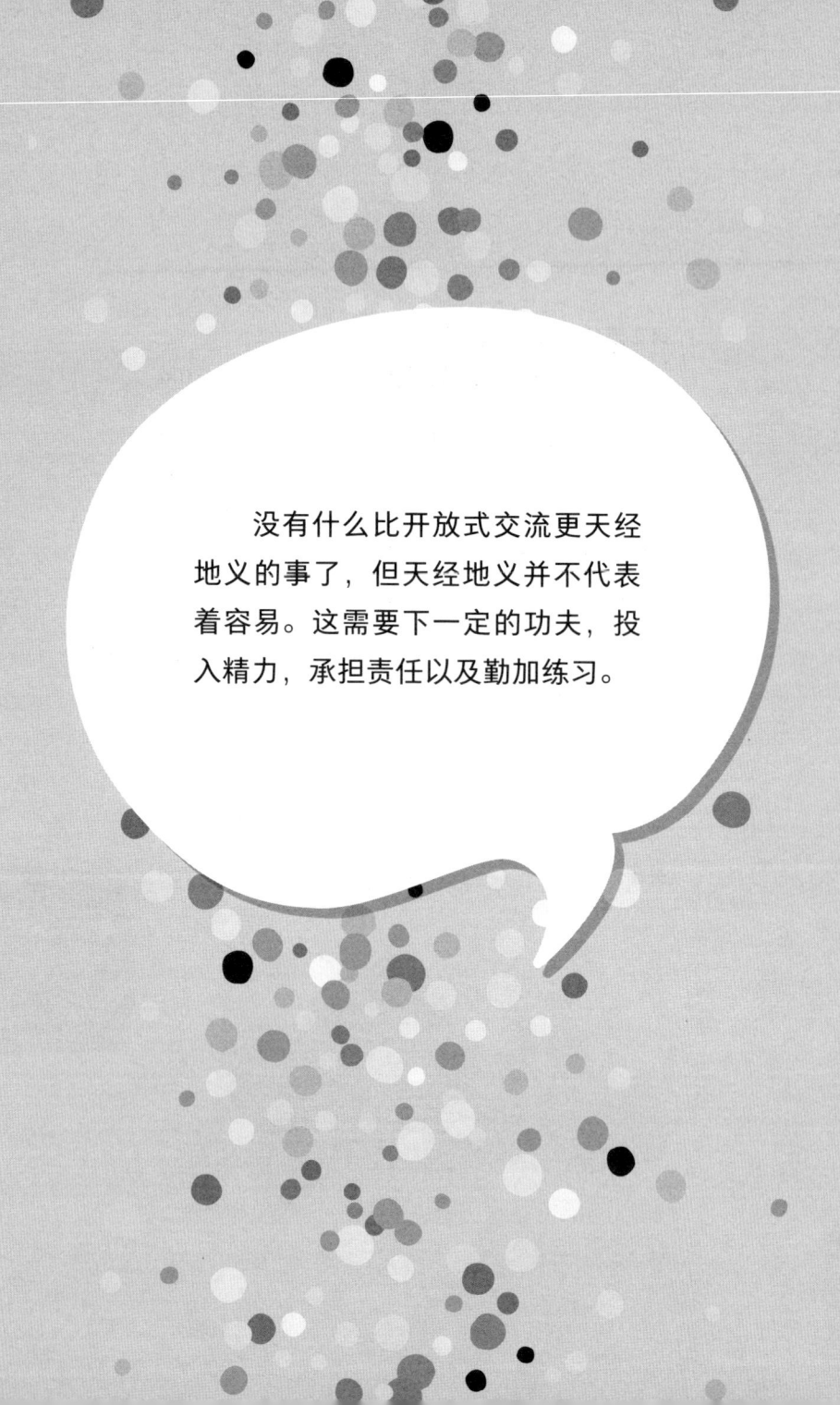

没有什么比开放式交流更天经地义的事了,但天经地义并不代表着容易。这需要下一定的功夫,投入精力,承担责任以及勤加练习。

# FOREWORD

## 序 言

对孩子的生活而言，没有什么是比健康的亲子关系更需要维护的了。家长给予的无条件的爱让他们知道他们是值得被爱的，这会让他们在带着足够的安全感步入成年期时，拥有足够的能力和信心脱离遇到的困境。无条件的爱并不代表着答应孩子的任何请求，准确来讲是意味着我们非常在乎孩子，并愿意在他们需要的任何时候及时地出现在他们身旁。这需要我们认清孩子的本质，而不是根据他们的某种行为来评判他们。

教育最好的状态是我们不再觉得我们只是在培育孩子，而是把孩子当作一个 35 岁的成年人来培养。这意味着我们需要克服短视，放弃那些转瞬即逝的简单愉悦（即使它们真的很让人满足），并开始着眼于如何发现人生的意义、找寻人生的目标。这样我们就不会再那么注重成绩和分数，并会开始思考如何让孩子习得和培养那些在社会生活中非常重要的能力和品质了，例如坚韧不拔的性格、灵活的应变能力、团队协作的能力，以及提炼建设性意见的能力等等。然后我们就会不再把培养孩子的独立性当作我们的目标，并开始意识到我们真正想要的是让孩子拥有安全感，并让他们因此得以与他人建立和保持相互依赖的关系。

我们希望把孩子培养成一个非常独立的个体，也希望能够在未来的生活中与他们一直保持相互依赖的关系。培养一个拥有并受益于依赖关系的孩子，秘密就在于不在他青少年的时候试图控制他，而要让他知道你尊重他这个个体，并会一直在他背后支持他。亲子交流的重中之重就是要让孩子知道与你分享生活是件有益的事。他们需要认识到这样的交流能帮助、引导他们，给予他们满足感，甚至是愉悦感。因此，家庭中的开放式交流是教育成功的基础，也是你引导孩子走向健全成年人道路的一大利器。

这样做的一个起点就是不再拒绝接受一个事实——当我们的孩子到达青少年时，他们不再像以前那样需要我们，或是开始不那么在意我们的想法或感受了。我们生活在一个太多青少年不断叛逆和太多的父母紧紧抓着青春期孩子不放的年代。青春期应该是被称为有飞跃性成长的时期，而不是一个很快成为过去式、可以被随意对付的时期。我们应该意识到孩子其实非常在乎亲子关系,并相信我们可以为他们提供宝贵而实用的建议。我们必须在早期的时候就树立一个观念——我们的家是一个安全舒适的地方,在这里我们可以畅所欲言,抒发情感,获取经验,互相帮助并享受在一起的时光。我们希望我们的家是这样一个地方,它可以让孩子学习到与你分享生活是件有益的事,也可以培养你们一生相互依赖的关系。

没有什么比开放式交流更天经地义的事了,但天经地义并不代表着容易。这需要下一定的功夫,投入精力,承担责任以及勤加练习。它得熟练到变成一种模式、技能。本书的出色之处在于它为创造受益终身且亲密无间的亲子关系提供了实践方针和策略。同时,孩子在这样的家庭里所学习到的东西也是非常重要的,它们会为孩子未来在工作上与同事建立良好的关系,在爱情上与未来的家庭成员创建互相尊重且友爱的关系做准备。

**肯尼思·R. 金斯伯格**(Kenneth R. Ginsburg)
- 拥有医学博士,教育学理学硕士学位
- 《建立儿童和青少年韧性的家长指南:给你的孩子根和翅膀》和《培养孩子茁壮成长:在爱、期望、保护和信任中找到平衡》的作者
- 宾夕法尼亚州儿童医院亲子沟通中心副主任

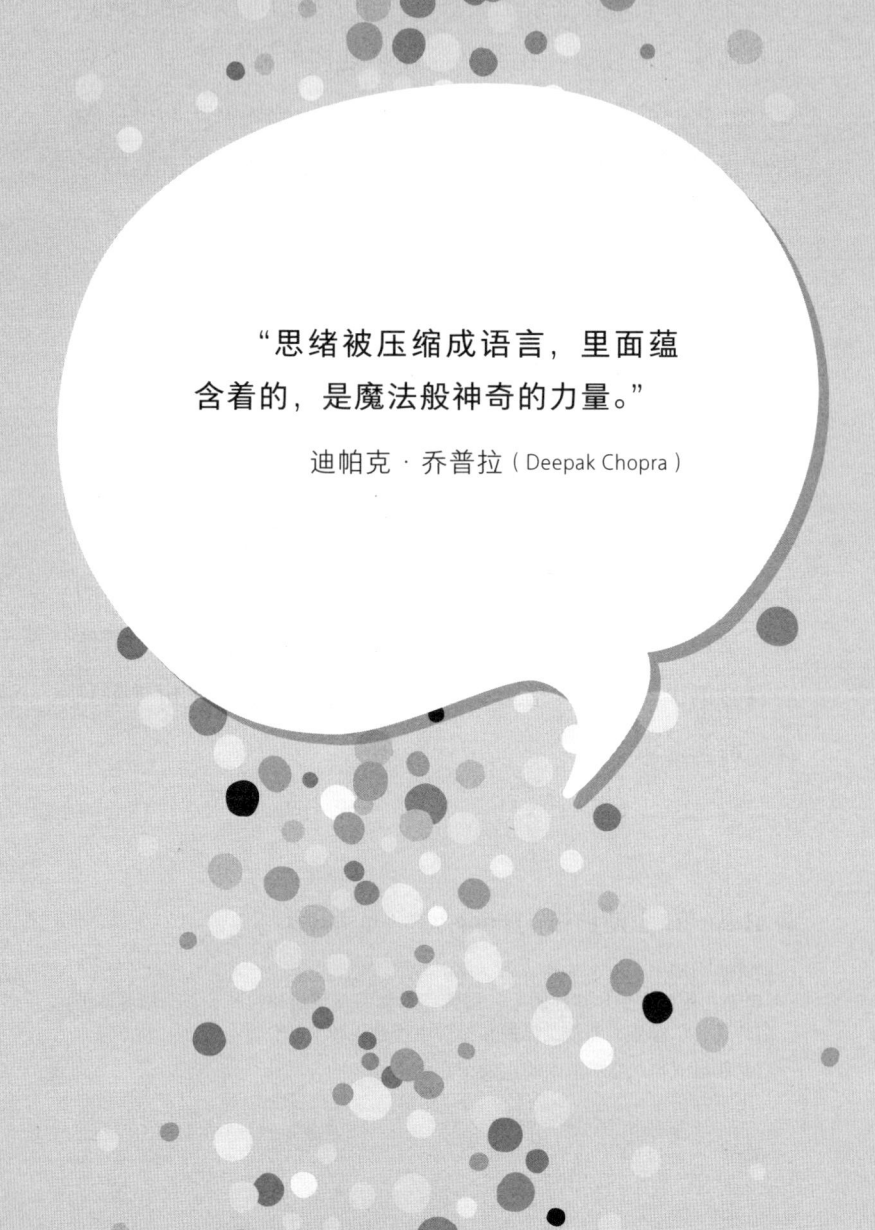

"思绪被压缩成语言,里面蕴含着的,是魔法般神奇的力量。"

迪帕克·乔普拉(Deepak Chopra)

# INTRODUCTION

## 引 言

　　感谢你选择了本书。我们之所以写它是因为我们知道沟通是一个非常好的工具，它可以帮助你与孩子建立长久的亲密关系，同时，我们也清楚地知道和青少年沟通是一件多么困难的事。我们希望这本书能帮助你迅速养成和孩子沟通的习惯，并逐渐把沟通变成你和孩子都非常享受的活动以及生活的一部分。

　　我们都忙于生活琐事，被遗忘在乱世洪流之中。我们经常觉得在我们最需要时间的时候，光阴如箭般飞逝，而我们花时间培养与孩子沟通的习惯绝对会是值得的。当你投入你的精力时，你会提供给孩子他所需要和渴求的爱与慰藉，同时，通过沟通，你能够帮助他们反思归纳自己的想法，并确定自己的三观。当你分享自己的想法的时候，孩子会考量你的想法，并且大部分的时候，至少在早期时，他们会听取并接受你的建议。还有，当你们交换想法的时候，你其实不仅是在分享自己的想法，同时还在询问和听取孩子的想法，通过这样的交流，你可以帮助孩子建立和坚持自己的观点和原则。

## 关于本书

在本书中，我们把与孩子交流的方法分解成以教育和心理学知识为基础的简单步骤，我们还相对应地准备了实用的游戏和提示，以帮助你迅速进入与孩子的深度交流。神经系统科学研究表明，相比其他学习方法，人们在实践中更容易学习和掌握一个新知识。这个过程中会增加人的参与度、活跃度以及对大脑的刺激。根据 i 治疗（施利希廷博士创立的一种通过对话帮助孩子建立乐观的性格、抗逆力、设立目标的能力和独立性），本书可以帮助你在与孩子沟通、对峙时能够迅速介入问题。i 治疗是以行动为基础的，它着眼于能够给人带来真正改善的解决方案。

本书邀请你深度解析你和孩子间的对话，同时我们希望能够帮助你与孩子建立和延续一段密切的亲子关系。对孩子而言，了解如何谈论从轻松到严肃的各种话题，并且不断地练习沟通的艺术，可以帮助他们与直系亲属以外的人建立良好的关系。书中提供了帮助你开启和推进对话的范本，以及当你的孩子不断长大时你们保持沟通所需的实际方案。你将与孩子分享你所学到的经验、你的三观和你的愿景，你还会和他们聊那些让你苦闷挣扎的事情，比如性、酒精，当然，还有摇滚乐。

没有哪一刻能比现在更合适了。快去开启你与孩子的对话吧，放轻松并全身心地投入进去。理想的话，你会与孩子建立密切的亲子关系，并会发现把日常沟通作为你教育的重心是件非常容易的事情。如果失败了的话，也别灰心丧气，你可以通过不断努力改善亲子关系逐渐达到那一步的。你与孩子的沟通越频繁越日常化，你与孩子建立的关系就越密切，你在需要介入的时候能够成功介入的概率也越高。最棒的状态是，你们双方都能享受彼此的陪伴。

沟通交流可能有时并不那么容易开启，而我们就是来帮助你起步的。在第 1 部分，我们会介绍一系列的对话类型，给予一些开启和延续对话的提示。同时，我们还会回答一些常见的问题和疑虑。在第 2 部分，我们会深度解析一些你和孩子沟通时可能会遇到的对话类型，聊一聊话题的重要性，并提供一些具体问题的解决方法。第 2 部分的每章都会包含一些小活动，它们会帮助你和孩子就章节提供的话题展开讨论。活动下方还有具体的话头以帮助你解决更难开启的对话，他们会出现在对话范本那一栏里，里面的内容都出自日常生活场景。

本书的内容设计非常灵活，你可以从书中选择任意一个活动开启你们的对话，或者选择第2部分的某个对白提示作为起点，这些都是可以的。

你可以这样看待这本书：如果你决定在今年春天参加一个公路跑步比赛，光是买一双运动鞋和一套运动服是远远不够的，你需要实际去跑步、练习（可能刚开始你只能先步行，然后进阶到慢跑，最后上升到冲刺）。面对情感或是心理难题时其实也是同一个道理。如果你希望与孩子建立密切的关系，那就不能寄希望于买本书看看就能解决问题，你需要付诸实践。书中的活动和实用的方法都能帮助你养成日常沟通交流的习惯。这些练习合在一起，就成了一本行为练习手册，它将帮助你与孩子建立健康有益的亲子关系。

## 关于我们

我们除了是教育和心理学领域的专家，也是非常自信的家长。在本书中，我们分享的不仅是我们在工作上的所得、生活中发现的事情，还有从我们朋友们和主顾们身上吸取的经验，当然，我们为了保护个人隐私所以隐藏了部分人的真名。我们希望尽可能地让这本书变得通俗易懂一些，因此我们把自己的故事以更近距离的第一人称的方式表述了出来，以分享我们的经验。

加深亲子关系的方式有很多，但我们认为沟通能够建立更密切的关系，并且我们会以这个为前提，让你与孩子建立起一种良性关系，协助你帮孩子度过青春期直至未来。我们希望这本书能成为你与孩子全新旅程的重要的第一步。我们会一直在你背后帮助你的，也希望你能像依赖你的好朋友那样依赖这本书。

# PART 1

第 1 部分

## 我来说 / 你来说
### 从日常会话到深度交流

你选择了这本书就说明你希望能够和你的孩子进行那种增进你们之间关系的交流。在第1部分里，我们会通过重点关注日常交流的益处来给这些对话打下基础。我们会向你提供一些如何开启这些对话的建议，包含在何时、何地，以及怎样做。

第1章强调了对话的基本需求并涵盖了本书的起始步骤——一个能让你与孩子开始沟通的对话范本。此章还提及了一些你的优势和你可能会有的顾虑。第2章将会探索你可能与孩子进行的各种类型的对话，它们会与第2部分我们将要深入探讨的主题相关联。第3章会帮助你养成在家交流的习惯并解答一些常见问题。而第4章会列举些许宝贵的对话开场白，以帮助你顺利进行对话。

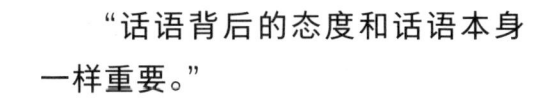

"话语背后的态度和话语本身一样重要。"

阿黛尔·法伯（Adele Faber）与

伊莱恩·玛兹丽施（Elaine Mazlish）

# CHAPTER 1

## 第 1 章
## 开始了解你

"我能和你谈谈吗？"晚上我刚刚准备写电子邮件时，我的女儿这样问我。我没想太多："当然可以了。"紧接着，她说："私底下的那种可以吗？"完了。我能感受到我激烈的心跳，震得耳鼓都能听得到。是我做了什么吗？还是她做了什么？到底发生了什么？

我的女儿当时开心地发起这样的对话——其实她很少主动这样，所以这听起来有点事态严重的感觉。我得写完这封电子邮件，但我完全没办法集中注意力。我们去到了她的房间，她坐在床上睁大眼睛看着我，我们就这样干瞪眼坐着。

终于，她告诉我，她觉得之前的几个作业和测验做得都蛮不错的，但得到的分数却不尽人意，她因此对自己有些失望。我坐在那里，松了口气。我在乎她的成绩，我更为她也在乎她的成绩而感到十分欣喜。并且，她决定来向我寻求帮助，这让我非常开心。我回答道："那么，我能为你做些什么呢？"一个家长的本能就是介入并解决孩子的问题，但马上我就意识到了，其实我什么都不需要做，我只需要陪在她身旁，帮助她规划好之后要走的几步路就行了。

教育的终极目标是培养一个独立的成年人。但当你深陷其中，忙着和一个青少年斗智斗勇的时候，你很难记起这一点。我们希望孩子能独立做事，接受挑战，并找到自我，但问题是我们总希望他们按我们的方法去做，而按部就班地跟着家长的每一步去走并不是真正的成长。

即使孩子并不是每一步都顺着我们所铺的路在走，我们依旧会对孩子们的生活产生重要的影响。而维持这份影响力最好的办法，就是与你的孩子保持密切的联系。

## 超越自己

当你回想起你小的时候，你成长的经验是什么呢？你以前在忧虑什么？你会找谁去谈心、寻求建议？是你的父母吗？为什么会选择他们呢？你是怎样去巩固一段关系，又是怎样维持那份信任的呢？你和你的孩子是相互信任的关系吗？如果你年轻的时候并没有选择去和你的父母聊这些东西，那么理由又是什么呢？那些阻碍你的东西是什么？你和你的孩子是否存在这些障碍？你又该如何去解决掉这些障碍呢？

在孩子成长的时候，他的任务就是去超越自己，尝试新的东西。我们应该预料到了孩子会做愚蠢的决定，还会做那些我们不想让他们去做的事情，而我们的任务就是保持镇静，并坚持下去。所以，当我们的孩子做出出格的行为或者犯错被现场抓包的时候，你需要意识到他的这个行为并不是在和你对着干，而是一个成长的过程。你不仅需要帮助他建立逻辑结论以认清他所犯的错误，还要和他聊一聊他的决定及其后果。这样的对话能让他知道前因后果并充分理解它，这可以帮助他为下次面对不同的抉择时做准备，或者至少可以让他更充分地理解他所作的决定及其结果。在聊有关抉择的话题时，一定要重视孩子的感受和想法，他的那些疑惑、顾虑、气愤和伤痛。到底是什么致使他做出了这样的决定？

青少年通常会体验到他们当下未曾做好准备去接受的强烈情感，所以，作为家长，你需要接受他们的感情，并认识到理解他们的感情并不意味着认可这份感情，或是由感情所带来的冲动后果。确切地说，这样做是为了向孩子表达你正在试图去理解和接受他本人。

当然，理解并不代表着当孩子犯错时，你就完全不能去教育他们了。例如，当你的女儿发了脾气，擅自在宵禁时间之后把车开了出去以兜风解气，那么她就需要承担这样做的后果——可能是一段时间内没有办法再自己用车之类的。但你应该在和她探讨完她的感受、决定以及一些面对相同境遇时更好的解决方法之后，再去给予她所需承担的相应处罚。这样，你们就开启了建立亲密关系的对话，你也就可以了解到她为什么会那样做，而她也能够理解到你为什么会对她的行为而感到失望。

如果你形成了这样的沟通习惯，你就会延续你对孩子的影响力，而他也有了站在你的角度看问题的机会。当然，他会有自己的想法，但你的见解也会给他带来一定的帮助。我们大人聊天的时候每个人都会有自己的看法，孩子当然也是一样的。你可能会觉得你和孩子只是在闲聊，但只是一瞬间，你们两个就吵了起来。不要认为在面对社会问题时你的孩子一定会和你站在同一立场上，也别诧异你的孩子在某件于你而言微不足道的小事上争论不休。

想想你自己的希冀、恐惧、忧虑和动力，这样你就能理解你的行为举止了，而深入了解我们自己和孩子是理解如何互相交流最好的起点。你可以用此章后面亲子采访提问的小游戏来更多地了解孩子，并分享自己的经验和见解。你会逐渐发现你们之间互动的规律，你可以重复使用那些效果不错的，也可以改进那些效果一般的。例如，如果你习惯以一个开放式问题开启你们的对话，而你的孩子会对这样的问题作出回应，那么就继续使用这个办法。如果你在对话中有比较激进的个人观点，而孩子会因此迅速结束对话，那么就尝试以缓和、温柔的方式推进对话。

## 解决育儿问题

如果你希望能够对孩子的生活产生影响，那么你就需要引导孩子重视你们的关系，并认真聆听对方。我们没办法直接告诉孩子我们的价值观，我们需要告诉他们为什么我们会有这样的想法，并分享那些形成这些想法背后的故事。在巩固你们之间亲密关系的同时，你也增加了他们在面对那些好的、坏的、难堪的事情时向你求助的概率。你希望他们能和你共享胜利时的喜悦、有趣刺激的经历，但你也希望他们能够告诉你那些让他们感到苦闷的东西。

当我们在一次讨论中时，尤其是那种激烈的或者是情绪化的讨论，我们可能会想得太多和反应过激，又或者我们可能会表现得比较冷淡——说明我们并没有完全投入到这个话题里。在你试图去找到想得太多、反应过激及表现冷淡之间的平衡点的时候，你的孩子却每时每刻都在评估自己，同时也和你一样进行着多想或是不那么在乎这个话题的心理活动。

在这个时候，青少年正试图镇静地面对他们正在经历的那些情绪上的和生理上的变化，同时，他们还得应对沉重的、同龄人带来的压力。孩子正不断地试图平衡想要突出自己和想要融入大集体的欲望，而这两者是同时进行着的。这看起来像是不可能完成的任务，所以请你尽可能地体谅和理解你的孩子，并认识到他的哪一些行为是在情绪化之下冲动而为的。

## 亲子采访提问

找一个时间坐下来和你的孩子谈一谈，并让他知道你为什么想要和他一起做这件事。你可以这样和你的孩子说："我最近在看一本关于交流和它对于亲子关系的重要性的书。这本沟通书里的一些小游戏能增进我们的交流。我真的很希望能和你多聊聊，也非常想多了解你一点。在第一个小游戏里，你可以问我各种各样的问题，当然我也会对你进行提问。我希望我们可以一起进行这样的游戏，并变得更了解彼此。"然后你可以把书拿给孩子，并给他看亲子采访提问环节指南的第1部分。你们两个可以边聊边记点笔记，之后再具体提问。

**给孩子的指南：**找个时间和你的家长一起聊聊，这样你就可以更了解他们了。你的家长会告诉你他们的故事，他们为什么会产生这样的想法，采取这样的行动。你可以从下面的列表中选取五到十个你喜欢的问题,如果你有好奇的点的话,你可以就更细节的问题进行提问。记得在那些你感兴趣的地方做点笔记。在你问完那些选好的问题后,你可以休息一下继续提问,或是换一天继续。在你采访完你的家长后,让他们也向你进行提问。最后,与你的家长分享一下你对他们有了什么新的了解,并在他们采访完你之后,聊一聊对自己有了什么新的认识。

● **你可以向你的家长(们)提的问题:**

- 你最早的记忆是什么?你的童年是什么样的?
- 你以前在学校的时候是个好学生吗?
- 你的缺点是什么?
- 你参加过什么集体或是社团吗?它们是什么呢?
- 你现在还在做什么你在我这个年龄时做的事情吗?
- 你现在的兴趣爱好是什么?
- 你在我这个年纪的时候,都和谁住在一起啊?
- 你在我这个年纪的时候,觉得你家里的那些规矩是公平的还是不公平的呢?
- 你在我这个年纪的时候,和谁最亲近呢?
- 你以前都做过什么样的工作呢?你又是怎么样找到它们的?
- 你觉得生活中最困难的东西是什么?

- 你觉得生活中最让你感到快乐的事情是什么？
- 你觉得你最大的优点是什么？
- 你觉得你最大的缺点或者说对你而言最大的挑战是什么呢？
- 如果你能实现三个愿望，你希望它们分别是什么呢？
- 平常发呆做白日梦的时候，你都在想些什么呢？
- 过去对你有最大影响力，或者是于你而言最有用的人、想法或力量是什么呢？
- 你什么时候最开心呢？
- 你目前想多做些什么事呢？
- 你目前想少做些什么事呢？
- 你有什么想改变自己的地方吗？

**给家长的指南**：现在是你去采访你孩子的时间。在你问完五到十个问题后，你可以休息一下继续提问，或是换一天继续。在你进行提问的时候，如果你有好奇的点的话，你可以就更细节的问题进行提问。记得对那些你感兴趣的内容做点笔记。如果你想花几天时间把整个列表的问题都问一遍的话也完全没有问题。最后，与你的孩子分享一下你对他们有了什么新的了解，同时也聊一聊对自己有了什么新的认识吧。

● 你可以向孩子提的问题：

- 这世界上你最喜欢的东西是什么？什么东西会给你带

来快乐呢？
- 对你而言，现在最让你感到难过的东西是什么呢？你最大的挑战又是什么？
- 你最喜欢或是最不喜欢学校的哪个学科呢？为什么？
- 总体而言，你喜欢学校吗？
- 你和你的老师们关系如何？
- 你和你的同学们关系如何？跟我讲讲你喜欢的一个朋友吧，你选择他或是她的理由是什么？再跟我说说你不喜欢哪个人，为什么？
- 你和其他孩子吵过架或是打过架吗？这些争执的起因和结果一般都是什么呢？
- 你有男朋友或者女朋友吗？
- 你有没有在学校里闯过祸？
- 你有没有因为学校而担忧过？
- 如果你能改变学校的一点，你希望这一点是什么呢？你会用什么样的方法改变呢？
- 你最早的记忆是什么？
- 你觉得咱们家的规矩公平吗？为什么？
- 谁最理解你？
- 在家里你最认同谁？你从这个人身上学到了什么呢？
- 如果你能改变家里的某一点，你希望这一点是什么？你会用什么样的方法改变呢？

- 如果你需要向一个不太熟悉你的人介绍自己，你会说什么呢？
- 你将来想做什么呢？而你会为达成这些目标做哪些计划呢？
- 什么东西会让你开心／生气／难过／害怕？
- 你有什么忧虑吗？
- 在大部分时间里，你的心情如何？

完成下列句子：
- 对我而言最重要的事情是……
- 对我的人生而言最重要的事情是……
- 我人生中最棒的事情是……
- 我人生中最糟糕的事情是……
- 我最大的优点是……
- 我所面对的最大的困难或者挑战是……
- 我会发呆做白日梦的事是……
- 如果我能实现三个愿望，它们分别会是：
  1.
  2.
  3.
- 如果我能改变我自身的某一点，它会是……

## 怎样回答

你和你的孩子都需要花一些时间回答下面的问题,来反思自己在采访活动中的回答。

- 你有没有了解到关于自己的一些新东西?
- 你有没有了解到关于孩子/家长的一些新东西?
- 在你的回答中你最喜欢的问题是什么?
- 你了解到的关于你的孩子/家长的最有趣的一点是什么?
- 在采访活动中有没有让你感觉尴尬或者有困难的地方?如果有的话,它是什么?它又为什么会给你带来那样的感受?
- 有什么你非常想要和对方分享的东西吗?
- 有什么你不想和对方分享的吗?

和对方分享这些问题的答案,并想一想有没有想向对方提问的、相关的新问题。这些问题只是让双方进入深度交流和持续分享的跳板而已。

**对家长的提示**:不要害怕在你的回答中展现出自己脆弱的一面,以及去揭露那些重要的、尴尬的或是敏感的事情,此时是你向孩子做出榜样,教导他们如何与别人建立关系的时候。这是一个对于建立和重复任何一段长久关系都至关重要的技能，而你正在帮助你的孩子去学习如何为一段关系打下坚实的基础。

当你回顾完你在采访活动中的回答后，思考一下你在对话中的优势和挑战。同时，想一想什么样的环境比较适合你们之间的对话。花点时间去想一下：

- 什么时候比较适合你和孩子交流（一天中的哪个时间，饭前还是饭后，在别的亲子活动中，依此类推）？
- 有没有其他能够帮助创造一个适合谈话和分享的、避风港一样环境的东西呢（例如毯子、暖光灯，一个没有电视发出背景音的安静的地方，依此类推）？
- 哪些因素会致使你与孩子难以沟通（遇到一个困难的话题，涉及泄露个人隐私，了解到你孩子新的一面，面对失望，依此类推）？
- 你在与孩子沟通的时候有哪些做得比较好的地方（比如眼神交流，倾听，推动话题，做到坦率，依此类推）？

## 如何反应

知道你在面对不同的情况下，会大概率作出怎样的反应是至关重要的。当然，每个情况都是独一无二的，但确认你的典型反应能够帮助你更好地与孩子交流。例如，你比较易

## 你能信任谁？

和你的孩子开启一段关于信任的对话，谈谈信任的特质，谈谈那些值得信任的人的行为方式。问问你的孩子哪些特质会让他信任一个人。以列表的形式记录下你孩子的想法。在回顾完他的答案后，列一个你自己的列表，然后和他聊聊这两张表的差别和共同点。他能辨别出值得他信任的人吗？他为什么会信任他们？

你需要让你的孩子知道，如果他觉得某个人可能不值得被信任，他不应该无视这样的直觉。他可以，也应该向你求助。这些疑虑可能是关于一个朋友、一个老师、一位教练，或是任何其他成年人的。

如果他的表格上没有那些你觉得可以作为测量信任度的标准的话，你可以问他能不能把这些标准加在他的表格上。如果你不知道怎么开始，下面是一些供你参考的例子：

共情——这个人会和你共情吗？他们会不会花时间去体谅你的感受？

好的聆听者——这个人会不会认真地听你说的每一句话？

> 诚实——这个人有没有和你撒过谎？
>
> 责任——这个人会不会信守诺言？
>
> 坦率——这个人会不会和你分享自己的故事？
>
> 强烈的个性——这个人和周围的朋友、家人有没有维持一个良好的关系？这个人会为自己的承诺付诸行动吗？
>
> 同情心——你觉得这个人真的懂你吗？这个人会不会关心你？

冲动，那么你应该尝试用一些话作为缓冲，例如，"我的第一反应是……但给我一点时间去想一想"，然后认真去思考你的回答。或者，如果你比较倾向于三思而后行，而你的孩子看起来迫切地需要你的回答，你可能需要试着简单作答，以换取更多的思考时间。还有，了解你的孩子会有怎样的反应也会帮助你掌控谈话的时间，并量身定制能让双方都全身心投入的回答，而不是单纯地进行没营养的闲聊。

你是否大多数时候都比较冷静，情绪比较稳定？一个简单的方法可以帮助你以轻松的状态进入对话。如果你觉得在对话中你很沉默或者太过安静了，你可以试着去变得更坦率一点。通过运用本书第 2 部分的话头和提示，以及与孩子坦诚相待的方式，你将构建一个之后他可以用于与他人建立亲密关系的模板。实验证明这些亲密关系会为我们的生活提供长久的幸福，而这是我们希望留给孩子的宝藏。

一个冷淡的反应或是持续放任自由的态度会暗示你的孩子你不在乎他，或者眼下的这个话题于你而言并没有达到孩子期望的重要程度。

你是否比较容易焦虑或者是个急性子？这可能意味着你非常热情并且非常在乎当前的事。你的孩子可能从中学习到一些好的品质，但你的一个过激行为可能会导致争执，或是让你的孩子直接放弃和你沟通。如果你很担心这一点或是发现上述现象已经发生了，你要认识到，你需要一定的时间和距离来处理好这次对话，最好是在你开始沟通之前就准备好。

有时，你没有足够的时间去稳定自己的情绪，或是暂停休息一下，在这种情况下，请自省自己，并尽可能地舒缓你的心情。如果你感觉不堪重负或是变得情绪化了，记住一定要休息一下。

说话之前先想一想，并检查一下你掌控局势所需的任何东西。有一个能让你的孩子时不时放松放松的地方是至关重要的。你需要让你的孩子知道他可以信任你并向你求助。如果你表现得比较过激或是迅速开始指责孩子，你可能不知不觉地就暗示了孩子在场面失去控制之前赶快停止对话。要了解你自己，如果你易于过激或是某些情况会引发你强烈的反应或是焦虑的话，请认清你的倾向并在你觉得能控制自己的时候有意地改进自己的行为。

你会在什么时候给予建议或是批评？有时建议可以帮助孩子，但有时也有可能会让他们的思想固化。尽量避免立即向孩子给出建议。（别担心，你可以，也应该向孩子提出建议，只是你得先听听孩子自己的想法。）耳朵是通向心灵的路。你没办法猜到你孩子的想法，但你可以倾听他所表述的，并尽你所能去理解和推断。你可以向他们提问来确认你的推断，只要你坚持对话，你的孩子甚至有可能会主动询问你的建议。如果你实在忍不住想要立刻告诉他你的想法，请记住一定要表明这只是你的个人观点，你只是想告诉他一下你的看法而已。

## 你学习的方法

认清你和孩子学习的方法能够帮助你更完整地投入你们的对话。你喜欢单纯地坐着倾听来学习，还是在行动中学习，比如在散步、编织或做饭过程中？在你遇到问题的时候，你会更倾向于直接提出问题，还是不甚在意地直接忽略掉呢？

了解你学习的优势和有困难的地方，能够帮助你找到在交流中你需要着重注意的地方。例如，我不是一个光听就能学会的人，同时，我还习惯于忽略那些我不理解的，或是我不感兴趣的东西。这是我在和孩子的沟通中发现的自己的问题，因此，我可以提醒自己在分心时把自己拽回来并重新集中注意力。

有一次在我开车送我女儿去上滑冰课的时候，她开始和我聊她最近在看的同人小说。虽然我很开心她愿意读书，但我对同人小说一点儿兴趣都没有，更别提她所描述的那些复杂的故事内容了。我试图集中注意力去倾听，但我却总是忍不住走神。在她说了十四五分钟之后，我才意识到原来她在讲船的事，而这和她之前讲的东西毫不相关。于是，我打断了她来弄清楚她到底在说什么，然后才知道了原来这个船是两个超级英雄之间的联系。接下来的对话也让人非常崩溃，我们聊了如果两个超级英雄在一起了会怎么样，或者如果他们两个……而这又把话题引到了性格的问题上以及什么会有助于一段关系。如果我没有努力去参与这个话题，我就错过了这个和孩子深入探讨亲密关系的机会。而现在，每当我们面对比较严肃的、关于亲密关系的话题的时候，我们总是会聊起当时的那段对话来放松心情。

同时，了解你的倾向和心态还可以让你认清自己什么时候会拒绝眼前的机会，什么时候又会愿意尝试体验一段新的经历。你为人父母的心态又是怎样的呢？在孩子遇到挫折的时候，你会更着重于强调孩子还缺少的东西，还是更愿意试图去找到让孩子能够成长和学习的东西？

心理学家卡罗尔·德韦克（Carol Dweck）定义了"成长型思维模式"和"固定型思维模式"。成长型思维模式认为努力和学习可以获得才能和本领。而固定型思维模式则认为才能和本领都是天生的。拥有成长型思维模式的人在面对失望和沮丧时更容易坚持下来，因为他们认为即使没办法马上就达成目标，他们终有一天一定会达成的。他们不会那么担心能不能成功，而是更着重于自己哪些地方还可以做得更好。而有固定型思维模式的人更倾向于放弃或是投机取巧以达成目的。一个人会在不同的时间和不同的层面表现出不同的思维模式，而成长型思维模式是需要培养才能形成的。

培养你的孩子形成一个成长型思维模式能够帮助他铸就韧性和毅力。培养成长型思维模式最重要的一点就是赞赏努力的过程，而不纠结于结果如何。当你的孩子回答了你的提问后，你可能会觉得你的孩子跑题了，或者他没有把问题答全。这时，你需要关注的是你们由此可以互相更加了解对方的这个过程，而不是表面上语句的内容。孩子会跑题，一些内容一带而过，或是情绪化地回答一些问题。这是非常正常的现象，但这仍是好事。这些采访活动，对话的话头还有那些提示背后的最终目的，都是给你提供一个可以创造"沟通之家"的平台，所以别担心一直照着范本进行对话会出什么问题。记住，当这些对话对你而言如临大敌，且可能在开始时非常不自然的时候，它们对你的孩子而言也是一样的，所以你需要给予孩子更多的支持、理解和关心。

## 怎样参与进去

要知道学习如何去进行有深度的交流是需要一个过程的，同时，你对于这些交流的感受可能会随着当下的话题、你的心情和想法而改变。和你的孩子有良好的交流是指知道如何去接近并参与进他们的生活，而不是每次对话不以吵架为结局就可以了。对撞的意见想法，相互理解、换位思考所带来的困难，试图处理、接受对方的情绪所导致的那些乱七八糟的事，这些都是学习进行深度交流的一部分。在深知你可能没办法一直都享受这样的沟通的情况下，去享受这个学习的过程吧。

把握住和你孩子进行交流的机会，在他们心情好的时候，当然还有在他们心情不好的时候。不论他们是生理上还是心理上的受伤，都请把他们的伤痛和更广泛的生活经历联系起来。聊一聊当你面对差不多的难题时，你是怎么做的，并引导他们与你交流。告诉他们当你受伤、失败或是受挫沮丧的时候，你是怎样去应对的。

生活会在你前进的道路上给你制造一大堆的麻烦，所以，你可以讲一讲你以前在面对这些麻烦事的时候你的解决

## 当你的孩子对某人失去了信任

每天都有孩子发现有人在他们背后说他们的闲话，而很多时候，这些乱七八糟的事会被挂在网上，被更多人看到。如果这样的事情发生了，你该怎么应对呢？

**弄清事情的经过。** 如果你是从孩子那里得知的，直接问他事情的经过。如果你是从别人那里道听途说来的，或是在孩子的社交软件上注意到的，请先向孩子确认事情的细节和经过，而不要一厢情愿地把小事扩大化，误会了孩子。

**了解孩子失望的程度。** 如果他看起来并不是很在乎这件事，那么你也别在意就好了。如果他看起来对这件事感到难过失落，或是希望有人来处理这件事，那么你要做的就是运用以下的建议去帮助他走出来。

**列出选项。** 和你的孩子聊聊他的选择。他可以在网上举报不合适的言论，和发表这样攻击性言论的人对峙，并找寻新的朋友去交往，或是直接无视掉这些言论。询问孩子他希望这次事件的结果是什么样子的。他是希望这件事能快点过去？去揭发那些发表攻击性言论的人？还是之后与这些人保持距离，减少联系？无论他的选择是什么，试着和他模拟他应该用什么样的措辞、采取什么样的行动。在合适的情况下，你可以陪着他一起去面对。

**寻求帮助。**在社交圈中找一个你和孩子都信任，且能够帮助挽回局面的人。他可以是学校的辅导员或是管理人员，可以是一位心理医生，你常拜访的儿童医生，或是社会工作者。根据网络上的曝光程度和严重程度，考虑是否向学校或是警方提交一份正式的诉讼。

**持续跟进。**不时地去关心一下孩子的状态，并观察他在心情上、行为上、和朋友交往上和吃饭睡觉上的细微变化，以免发生意外。

**聊一聊所谓信任。**和孩子聊一聊什么意味着信任一个人。你的孩子信任过那个伤害了他的人吗？你的孩子注意到或是忽视掉了什么预兆吗？他能从他身边的关系中寻找什么凭证，来确认哪些人是他能够真正信任的呢？

方法，用这些你吃一堑长一智的那些智，去帮助你的孩子应对当下所面临的困难。

有时，家庭中会信奉某些家训，而这些家训可能会在面对一些日常生活中的困难时给我们带来帮助。我曾经工作过的一个家庭信奉的家训是"每个人都需要去尝试（Everybody has to try）。"这样，虽然你可能会失败，但你需要先尽力而为之。我的公公曾经说过："Some days you eat the bear, and some days the bear eats you。"[1] 虽然我从来没觉得这能帮助我解决问题，但在帮助我去接受孩子受挫时的情绪上，它还是蛮有用的。

## 使我们产生羁绊的故事

作为一个人，我们都是脆弱的，所以，大大方方地承认这一点远比试图掩盖能够更容易地帮助你去创造和参与进与孩子的沟通中去。和你的孩子讲讲你童年时的故事也可以帮助你与孩子交流，而它们甚至比那些直接但容易获得单字回答的问题要有用得多。你的孩子其实要比你想象中的更喜欢你的那些故事，尤其是那些尴尬和精彩的。

回想一下那些好莱坞里的、大荧幕上展现出来的精彩故事，它们并不全都是那些美好的、缤纷的东西，而是那些展现了主人公值得赞扬的人格品质，并以各种各样的方式克服巨大困难的故事。分享那些你取胜的、惨败的，迷人的故

---

[1] 译者注：Some days you eat the bear, and some days the bear eats you. 直译为有时你会吃掉熊，而有时熊会吃掉你。大概意思就是胜败乃兵家常事。

事。你可能会惊讶地发现，当你分享完那些你的脆弱时刻之后，你的孩子实际上可能变得更加敬重你，他们会开始从你的故事中看到他们自己的身影。他们会喜欢听那些表现你坚韧、不懈、失败和伤心的故事。

我们的大脑很擅长在长期记忆中储存并理解故事。故事会引起情感共鸣，而不是逻辑道理的分析。而情感，尤其是对青少年而言，会促成行动。故事会鼓舞人们去付诸行动、做出改变，而你能告诉孩子最有影响力的故事，就是你自己的故事。其实，你的孩子还是很希望去了解你的。

了解你是怎样鼓起勇气、克服困难，帮助你的孩子认识到面对这些烦恼的并不只是他一个人。这些克服掉的困难铸就了我们的韧性，而和孩子分享这些痛苦的时刻以及从中得来的好处能够帮助他们为培养自己的韧性打下基础。

## 联系和重新联系

如果你和孩子本身就有很密切的联系，那么本书将会帮助你保持并增进这样的关系。如果你曾经和孩子有密切的联系，但感觉随着孩子到达青春期，这几年里你们渐渐地疏远了，那么此时就是修复这段亲密关系的时候。在成长的这个过程中，你的孩子可能逐渐发现一个新的自己，而你可以通过交流来了解那新的一面。

如果你觉得你和孩子的关系从来就没有特别密切过，那么就请别放过任何一个能和孩子深度交流的机会。通读本书，并把你想向孩子提问的地方着重标记。对一些孩子来讲，以一个比较轻松的话题开始可能是最好的选择。而且，如果你以比较危险或是让人感觉不大舒服的话题开始的话，你有可能会得到一个过激的反应。这其实取决于你孩子的性格，以及你当前与孩子的关系如何。

在你刚开始跟着本书实践的时候，如果你和孩子之间发生了什么事，最好的解决办法就是正面处理它们。本书的方法需要信任、诚实和开明，所以，请努力在这些品质的基础上建立你们的关系。别浪费时间在懊恼你们之间的关系不完美这件事上了，没有关系是完美的，你应该为自己关心孩子的心理健康而感到自豪。着眼于当下，并不断地去深度了解你的孩子，以及他是怎样面对这个世界的。通过运用书中的活动和对话的话头，你将开启一段建立密切亲子关系的沟通之旅。

"如果你只有一把锤子当工具,并认为所有的东西都像一个钉子,我想这是非常诱人的一件事。"

亚伯拉罕·马斯洛(Abraham Malsow)

# CHAPTER 2

## 第 2 章
## 对话的类型

当我正在写这本书的时候,我的女儿冲进了我的办公室,看起来一副伤心极了的样子。"我打你电话都打了十分钟了!"她大声吼道。"我很忙,我正在工作。你找我有什么事吗?"我回答道。"不用你了,我自己解决了。"她生气地说完后,摔门走了。她确实需要我,但不是需要我帮她解决问题,而是需要她的母亲给予她关心和支持。她需要我在那个时间点陪在她身边。即使这是一次带着怒气的对话,也依旧给我们带来了建立联系的机会。事实上,我的女儿确实得到了她想得到的东西,只是这和她所期望的不大一样。

你有没有发现你的孩子相较于对其他人而言,更倾向于向你发泄他的情绪。你是否怀疑过他把一整天的坏脾气和糟脸色都留给了你？其实你没想错。孩子确实会经常在他们感觉安全的地方露出本我，并且好消息是，如果他们确实经常跟你发脾气，那就说明你为他们创造了一个安全的环境，一个可以让他们做自己，并在需要的时候发泄情绪的地方。

想要预见这样的状况并不容易，因此你最好学会如何寻找相关的线索，敏锐地察觉任何变化，找到情绪可能爆发的迹象，例如：你的孩子发脾气是因为没有满足口腹之欲，还是因为今天的作业很多？他感到脆弱、痛苦是因为有一场考试马上就要来了，还是因为他输掉了一场比赛？你可能没办法预测到所有的情绪，但你至少可以猜测到一些，并在理解诱因的基础上做出对策。

除此之外，你还可以和孩子聊一聊当过于情绪化时，我们应该如何克制自己的行为。本章中，我们将着眼于不同类型的对话，它们对于建立亲密关系、保护孩子安全以及与孩子保持联系有着至关重要的作用。

## 用对话去澄清观点

当你和你的孩子开始一段对话的时候，请承认并理解他的感受。这需要你去倾听并思考他所说的话，然后向他表示你真的在认真听他说话。举个例子来说，"你听起来有些沮丧，你想和我聊聊到底发生了什么吗？"要比"你今天脾气很暴嘛，谁又怎么你了？"管用得多。承认和理解他的感受并不意味着你容许孩子的胡作非为，这只是在表达你换位思考过他的感受的途径之一。通过在不作评价的基础上表示对孩子情绪的理解，你就为孩子创造了一个可以释放、倾诉烦恼、恐惧及纠结的安全环境。如果可以的话，尽量重新开始一段对话，不要重提旧事。即使你觉得自己在一遍又一遍地谈论着同样的话题，也要尽最大努力去选择重新开始新的对话。

因为我们在加入一段对话的时候都会有自己的推断和想法，所以我们应该尽我们全部努力去认识到我们的想法会如何影响到我们的措辞和思考方式。请别去推断你孩子的言行举止，不然你有可能会把对话推向一个低效的方向。例如，我的儿子向我分享了他的课程表并寻求我的建议。他已经经过了深思熟虑并做出了明智的选择，但我插手其中给了他不同的建议。虽然我有充分的理由证明数学课的好，但如果我能先问他几个问题，弄清楚他为什么会做这样的决定之后再给出建议会使对话高效得多。没过一会儿，我们两个就吵了起来，而不是理智地讨论课表的安排。在意识到他有些沮丧之后，我退了一步，并询问了他的想法。我们最后在他的课表上达成了一致，但我真希望我能在给予建议之前先多了解了解他的想法。

我们很容易就会将孩子的负面情绪内在化，并认为那糟糕的态度是在针对我们。最好的解决方法就是去了解孩子的情绪，询问清楚，然后翻篇。例如，如果你的孩子盯着一个地方发呆而不回应你，你因此觉得他可能是生你的气了，那么这时你就可以去问问他到底发生了什么。他可能是因为害怕等因素而羞于启齿。那么，这时你可以说些"你看起来有些伤心或是心不在焉的，能告诉我发生了什么吗？"之类的开场白。这能让你知道你即将面对的是什么样的话题。

## 了解对话内容

对话有的时候会很平淡，有的时候又会很精彩，有时还会有柳暗花明又一村的感觉。你可能在聊一个话题，然后突然就发现了孩子全新的一面。本章列出了五个你可能常遇到的话题类型，并详细介绍了它们的应对策略。虽然肯定不止有五个话题类型，但这里我们只着眼于那些最重要的，那些能够帮助你的孩子成长为自觉、有韧性，而又强大的个体的话题类型。许多孩子已经通过各种各样的手段，包括社交媒体、学校、朋友、兄弟姐妹们，电视电影或者其他热门文化输出手段，了解到了这些话题的信息。

例如，当我第一次和孩子聊性的话题的时候，她说："妈妈，我早就知道了，学校教过的。"这是一个让你讲讲你是如何学会"宝宝是从哪里来的"的故事的机会。如果你的孩子觉得这个对话听起来会很有意思，那她肯定会更加集中注意力在你身上的。

对话可能会变得情绪化，并且当这次对话变得不太舒服或是到了变成争吵边缘的时候，孩子可能会选择退一步或是变得沉默。无论是五个话题类型中的哪一个，你都需要尊重孩子的选择。对话是思想的交互，它需要对话双方的参与。倾听代表着理解和共情，可以是沉静而不拘一格的，这意味着你并不需要插手去掌控对话的方向。试着去放下评判并保持中立。作为家长，我们要为孩子养成这样重要的习惯做出榜样。一定要去理解孩子的观点、担忧和想法。记住，理解并不代表着认同，而是代表着你对孩子的欣赏与尊重。这会让孩子感受到你在认真听他讲话。

就像刚刚学会走路的小孩一样，青少年正经历着重要的生理和心理上的变化，并且他们也需要帮助。这些变化是充满惊喜和挑战的——你的孩子在生理上、智力上和情绪上都在不断发展和成长，且他们是没有办法一直控制住自己的。青少年的决策能力（执行能力）并没有发展完全，并且，冲动、社会压力以及肾上腺素会不时地促使他们做出糟糕的决定。

当你的孩子还在蹒跚学步的时候，他总想什么事都自己做。虽然让他自己穿鞋需要付出足够的耐心，但从长远来看，这样鼓励他的独立性还是非常值得的。现在他依旧想什么事都自己做，但其所面对的情况变得更加复杂和危险了。作为青少年，你的孩子会有新颖的想法和想去冒险的心。请支持那份独立性吧，就像你在他小时候做的那样。不要去一直反对他（告诉他"你还小"或者是"你不懂，我有经验"），试着去鼓励他这些新冒出芽的独立性（"我很高兴你要去新的学校了——这听起来多有趣啊，虽然也有可能很吓人"或者是"你的第一次约会，我的天啊！你感觉怎么样？"）请以一种好奇的方式去接近你的孩子，而不是以长辈的评判姿态去管教他。请多关心他所经历的一切以及这些经历给他带来的情绪。试着以他的视角去看问题，这样你才能在他不断经历变化的状态下对他有更深的理解和认同。

不论在什么样的对话中，请不要抱有任何成见地认真倾听他。我们将在第四章中讨论展开话题的常见策略，并在之后的章节中细分每种话题类型。当你读完这些话题类型之后，问问你自己：我该如何处理这些问题？我能分辨出他们的区别吗？我会不会基于话题类型而改变我进入对话的方式或是我的反应？请展开想想这些问题的答案。然后，让我们来一起探索你将与孩子开启的对话类型吧。

## 交心的对话

交心的对话是指那些围绕着情绪和感受的对话。这包括有关爱情、友情和亲密关系的对话。交心的对话通常感觉是最难进行的，因为它太依赖于你和孩子的关系了。你太希望这样的对话能够顺利进行了，因为这不仅能为你与孩子的关系打下基础，还能为孩子将来与其他人建立亲密关系打下基础。这样与内心有关的对话通常都是非常敏感的，因此家长可能会感到有些不知所措，并在无意中投射出他们对自己的不满和怀疑。

你的孩子经历的第一个亲密关系就是和你的关系，而我们可能很难去接受其他人也会和孩子发展亲密关系的这个事实。我们可能没办法想象孩子会像需要我们那样需要另外一个人，并且，认识到他们可能会因为他们的亲密关系而受伤更是让人揪心不已的。但好消息是，当你和孩子参与进这样交心的对话中时，你就在为其之后拥有幸福美满的亲密关系做准备了。让你对孩子未来的期望指引你去教导孩子如何去信任、去爱吧。

每个人都有他的脾气，而作为成年人，我们在认识到自己的情绪及控制自己的行为上要比孩子来得更熟练一些。也就是说，情绪会对你及你的行为举止造成一定的影响，即使你已经尽力试图做出理智的决策了，你的大脑还是没办法完全不受情绪的影响。你越能察觉到你的情绪，你就越能更好地掌控表达它们的方式。仅仅是指出你的情绪，就能帮助你的大脑进行理智的思考。深呼吸并控制你的思绪能帮助你在情绪起伏时降低你的心率和保持冷静。理解你自己处理激烈情绪的方法是至关重要的，我们将在第 5 章进行对情绪表达话题的深度探讨。

其次是控制欲的问题，对家长而言，一个永恒的难题就是当孩子不断成长，他们自然而然地会想要更多自我掌控的权利。在大多时候，你可以控制自己，但你是没有办法控制其他人的。你必须认清你在情感上为这次的对话带来了什么，你的孩子又带来了什么。你可以通过观察孩子的肢体语言并寻找线索和危险信号来解决关于控制的问题。如果你的女儿看起来很消极（她翻了翻白眼，并且只回应你一两个字），这时她可能会从你掌握对话的主导权中受益，你可以以她为主，听听她的想法。如果这方法不管用，那就休息一下，让她去掌握对话的主导权，告诉她在她决定告诉你的时候再继续对话。

你也可以改变你自己的肢体语言以显得更放松，深呼吸，甚至可以做一点简单的瑜伽动作来帮助孩子进入一个更稳定的情绪状态。然后，你需要帮助孩子认清她的情绪，并想办法处理它们。记住要做到体贴和有同理心。共情能帮助你建立联系，而你也可以通过表现得友善和不带任何偏见，或是提供无条件的帮助来表达你的共情。你还可以通过肢体语言来表达共情，例如一个温柔的眼神、轻柔的爱抚、模仿孩子的肢体语言，以及表现出轻松、踏实的样子。在提出解决方案或尝试解决问题之前，先理解孩子的情绪和感受，并将它们温柔地反映出来。

思考如果孩子出现以下的情况，你该说、做，或问什么来促成一段交心的对话。

- 你的女儿正因为一段感情的结束而悲痛、烦躁。
- 你的儿子不再和你知道的那群孩子玩了，他对你的态度好像也有了一些转变。
- 一个和你还有你的孩子都非常亲近的家庭成员去世了。
- 你的孩子没完没了地和你吵架，这让你很崩溃；此外，你很担心他们不会像你期望中的那样和你有长久的亲密关系。
- 你的女儿时不时就说她自己笨。

通过阅读第 5 章来了解如何开启一段交心的对话。

## 有关敏感问题的对话

有关敏感问题的对话是那些你知道必须要去进行，但又不愿意去进行的对话。它们是那些让人感到尴尬的话题，包括性、多元化及转变。这样的对话对你和孩子而言都会是个挑战，所以请提前认清一个事实——不适感是正常的。虽然你们可能感觉不太舒服，但请告诉孩子这样的对话是非常有必要进行的。通过直接说明这些尴尬的时刻，你就能够使这些对话更好地进行。当你的孩子看到你明确指出这些不适时，他会意识到这些对话对你而言的重要性。

你有没有过某人拿你开了个不太合适的玩笑，或是对你的外表评头论足，而你因此感觉有些难过的经历？你对此做出了什么样的反应？你觉得你做得对吗？为什么？如果能重新来过，你会做什么改变吗？这些故事非常适合和你的孩子分享，它们可以告诉孩子这样的情况即使对于非常有经验的成年人来讲，也是很难去把控的。如果现在回想起来，你并不满意你当时的做法，承认你的后悔——这不仅能帮助到你自己，还能让你的孩子学会反思自己的错误，以后才能做出更好的、更深思熟虑的决定。你可以和孩子进行角色扮演来模拟类似的情况，演绎你们下一次可以做出的改变。请正面面对关于敏感问题的对话，并尽可能地把它们和实际生活联系起来。

分享那些你不适的、尴尬的经历，并说明哪些你处理得很好，哪些不尽人意，这会给你的孩子做一个很好的榜样。这样的分享对学习如何敞开心扉是举足轻重的，尽管它们会让人感到不适，但进行这种类型的对话能够教会孩子如何和其他人进行这样的对话。有时，我们会把羞耻、沮丧或是自卑的情感与这样的不适联系在一起，但深挖而不是逃避这些感情能帮助我们推进对话。这些对话往往是最困难，但也是

## 实 践
### 打破僵局

灵活应变是非常重要的。你们可以试着做一些瑜伽动作来进入一个思维灵活的状态。这个活动能帮助你们缓解紧张的时刻,并打破对话的僵局。你可以做腿向上靠墙式的瑜伽动作,让血液流向大脑,或是做一个婴儿式的瑜伽动作。这两个动作都是非常放松的,它们能引导你的身体和大脑进入一个放松的状态。

**腿向上靠墙式。**这个姿势需要你将背部朝地躺下,臀部靠墙,并将你的双腿靠在墙上并让其处在一个高于心脏的位置。这是一个非常好的练习冥想的姿势,它能帮助人们迅速冷静下来。

**婴儿式。**婴儿式需要你呈跪坐的姿态,并将身体向前方放松下落,直至额头贴近地面,双臂放在身体前侧。你可以通过像猫一样伸展来获得更好的效果。这个姿势非常的放松和解压,因为通过折叠身体,你将所有的紧张都传向了地面。在毯子上做的话可以达到最佳的效果。请在你前倾使额头贴向地面的时候,练习均匀且平静地呼吸。

> 腿向上靠墙式和婴儿式都非常适合在场面变得紧张、你们需要重新调整和减压的时候来放松。

最重要的,因为在那些不适的地方,太多的痛苦会留在那里溃烂并造成伤害。

思考如果孩子出现以下的情况,你该说、做,或问什么来促成一段关于敏感问题的对话?

- 你和你的配偶正在考虑是否要离开彼此,而你不知道是否要告诉孩子,或是要告诉孩子多少。
- 你怀疑你的孩子已经经历了性爱,但你不确定事实如何。
- 你在你女儿电脑的浏览记录上看到了成人电影网站。
- 你的儿子开始穿裙子去上学了。
- 你的直觉告诉你,你的孩子身上发生了什么,但你没办法插手。

通过阅读第6章来了解如何开启一段关于敏感问题的对话。

## 有关危险的对话

有关危险的对话是那些平常你觉得因为无事发生所以不用说,但突然情况紧急,逼得你只能硬着头皮面对的那种对话。它们是指那些有关安全问题的话题,包括毒品、酒精和骚扰。趁早进行这样的对话能在事情真正发生时派上用场。因为其内容的性质,这些对话应该优先于其他任何对话。理想状态下,你们亲子之间的关系很密切,早在危险发生前就已经聊过这些问题了。但无论你们之间的关系处在哪一个阶段,在你发现一个危险情况的时候,请一定要尽快进行处理。

在这些对话中,请着重向孩子强调他的健康和安全才是你首要关心的,它们比他的幸福感和他与其他人的关系重要得多。如果要分出个先后顺序的话,孩子的安全绝对是独拔头筹的。

但要记住,在进行这样的对话时,你的批判指责性越强,孩子逃避的速度就会越快,所以请避免用指责、威胁或是讲大道理的方式推进。有次我朋友的儿子在别人家过夜,回来后呕吐了一整个早上,我的朋友便认定他肯定是喝酒了。她太生气了,以至于完全没办法面对他,而在不断往返厕所的儿子显然也不是一个能好好谈话的状态。晚饭的时候,他表现得好像什么都没发生一样。饭后,当他们可以私下好好聊聊的时候,她和他聊了关于喝酒的问题。他震惊极了。她是怎么知道的？我朋友解释说这是一个合理的猜测，但重要的是，如果他不吐成那样的话，她可能也不会知道。而且，他们需要谈一谈这个问题。我的朋友不希望她儿子喝酒，但她从没和他聊过如果他喝了的话该怎样。这给了他们一个可以聊一聊的机会，以解决如果他喝了酒并觉得不太舒服，或是有什么糟糕的事情发生了，他可以联系谁去照顾他的问题。

当进行有关危险问题的对话的时候，请记住明确你的期望。你的孩子是否在某种程度上坏了规矩并失去了你的信任？如果你不是很确定你的期望是什么，可以在你认为孩子犯了错的时候，直接和他谈谈你的顾虑和失望。理解孩子的理由，虽然这并不意味着你的认同，但这表明了他为什么会做出这样的决定。要记住你的最终目的，是去和他探讨将来应该怎么做决定。如果你的孩子犯了需要被惩罚的错误，那么，请选择一个和错误相关的惩罚。并且，请让孩子和你一起去选择他需要承担的后果，而不是直接给予他惩罚。有关危险问题的对话应该是一个分享你的忧虑，以及双方进行探讨的时间。这样的对话能帮助培养孩子的判断能力和决策能力。

思考如果孩子出现以下的情况，你该说、做，或问什么来促成一段关于危险问题的对话。

- 你的儿子告诉了你一个秘密，并请求你不要告诉任何人，

## 设定预期

对你的孩子设定明确的预期。并让他们也参与进设定预期的这个过程，使他们也能有一些对于规矩的自主权。每当你推进到一个新的阶段的时候，例如，车的使用权，或是在家过一个没有家长的周末，请提前确保双方都清楚规矩，并制定好应急措施。问问你的孩子他是否清楚做什么可以让你们双方都放心。

供你参考的问题有：我们都走了的这个周末，你打算干些什么呢？你觉得我们关于这个周末你的计划的预期是什么呢？我们希望你能独立，但我们总是会担心的。我们能做些什么来让我们都舒服呢？（这里，你可以建议在周末的时候适当查岗，找一个能电话联系到且可以托付的邻居，以及列一份家庭责任清单。这些东西都能够设立界线，并帮助孩子架构他的周末。）

但你觉得某人需要知道这个内情。
- 你在交友网站上发现了你女儿的信息。
- 你在洗衣服的时候发现你儿子的口袋里有电子烟。

- 你担心你女儿的对象可能有暴力倾向。
- 你的儿子驾龄已经有一年了,当他借完车之后,你发现后座有空的啤酒瓶。

通过阅读第 7 章来了解如何开启一段关于危险问题的对话。

## 关于品质的对话

关于品质的对话是那些能帮助你铸就孩子内在力量、协助他找到及定义自我的对话。它们是那些关于道德、三观和抉择的对话。作为家长,在你能够确保孩子的健康和安全之后,你要做的就是培养一个自信、幸福、能够实现自我,并能为社会做贡献的人。这听起来一点都不难,对吧?

品质是怎么评判的呢?这毫无疑问很难,但你可以把品质看作是孩子的本性以及你不在他身边给他提示和指导时他的所作所为。当你的孩子还很小的时候,你就是他的榜样;在他逐渐成长的过程中,他又会被周围的世界所影响。关于品质的对话能帮助他学会对外界的影响进行过滤,并从中选择出那些最有益的东西,帮助他成为想成为的模样。

在孩子成长的过程中,这些影响因素会成倍地增加。他会开始意识到并在意其他孩子的想法和行为,并加以效仿。

当你开始和孩子进行关于品质对话的时候，请认清你的话语还是有一定的分量的，虽然你的意见可能对孩子而言不是唯一的影响因素，但它绝对是有分量的那一个。

请忍住你想要去指出孩子品质缺点的冲动，并反其道而行之，和他们说说你觉得哪些地方做得比较好，哪些行为让你感到骄傲。请着眼于那些积极的地方，并在对话中给出具体的例子。你可以设置比较高的预期，但当你的孩子没有达到那些预期的时候，请别太失望或是认为他是个坏孩子。好人也会做出错误的决定，而他们只是需要重新来过的机会罢了。你的孩子需要知道犯错是正常的，而他会从这些错误中不断学习，并在将来做出更好的决策。关于品质的对话能辅助孩子道德的发展，而这对于其人生决策而言是至关重要的。请在他犯小错的时候就开始协助他，例如忘记做一次作业什么的，这样在他犯大错的时候，例如尝试大麻，你就能够拥有一定的话语权了。

思考如果孩子出现以下的情况，你该说、做，或问什么来促成一段关于性格的对话。

- 你在家长会的时候得知你的孩子有一门课不及格。
- 你女儿学校的校长给你打了通电话，说你的孩子作弊了。
- 你的孩子好像在偏食，而你担心她因此无法摄入足够的营养。

- 你的儿子突然（或者是看起来突然）拒绝和你一起参与宗教相关的活动。
- 你不喜欢你女儿和你说话的方式，或是你看到了你女儿和她的朋友在网上聊天时表现得很粗鲁。

通过阅读第 8 章来了解如何开启一段关于品质的对话。

## 关于勇敢的对话

关于勇敢的对话可以是那些迫使我们走出舒适圈来谈论的，也可以是让人害怕的，例如霸凌或是缺乏自信之类的。但我们必须鼓起勇气来面对，因为虽然这些对话有时很难进行，但它们是举足轻重的，它们将帮助我们培养孩子的勇气。例如，如果你在工作中遇到了不公平的现象，而你正在试图处理它，请和孩子分享你的经历来教会他如何为自己发声，这样，在他以后遇到类似的情况时，就能知道他该怎么做了。

请尽可能让你的孩子去开启这样的对话，处在青春期的他们可能会更有勇气去做这件事。同时，因为青春期本就是一个寻找自我和探索世界的过程，所以孩子通常能够看到勇气内在的价值。

谁能比孩子更了解和认识校园暴力呢？而谁又能比那个

受欺负的孩子更知道维护自己的重要性呢?

　　孩子有太多需要去鼓起勇气面对的情况了,而如果我们没有帮助他们做好准备,我们又怎么能够要求他们去很好地处理这些情况呢?如果我们一直保护他们不受挫折,我们又怎么能教会他们去把握机会呢?如果我们总是帮他们把所有事都处理好,那他们是无法学会如何成功过渡转变的。

　　勇气也分大小,而赞扬那些适时把握机会的事是至关重要且不分大小的。你可以通过诚实且直率的对话给你的孩子编织一张安全网,这样他们会知道无论何时,他们都可以来依靠你,并从你这里获得他们所需的力量。关于勇气的对话能帮助你和孩子决定什么时候该冒险,以及什么时候孩子还没准备好,并需要更多努力才能达成目标。在下次你的孩子需要站出来为自己或是其他人发声时,这些对话能给他们提供一些帮助。

　　思考如果孩子出现以下的情况,你该说、做,或问什么来促成一段关于勇敢的对话。

- 你的女儿开始对去学校感到非常焦虑。
- 你的儿子好像一直都没什么自信。
- 你看到你的女儿在社交平台上发布了一个针对学校里另一个孩子的、不太合适的表情包。
- 你的儿子想申请一个你在经济上可能没办法承担的

大学。

- 你女儿的老师推荐她去上优等生课程,但她想留在现在的班级里,因为这样,她就可以一直名列前茅了。

通过阅读第 9 章来了解如何开启一段关于勇敢的对话。

在我们进一步了解这些具体类型的对话,即本书的第 2 部分之前,我们先探讨一下如何养成和孩子进行日常交流的习惯,并解决一些常见问题。

"优秀是一种习惯。"

威尔·杜兰特（Will Durant）

# CHAPTER 3

## 第 3 章
## 让本书派上用场

我记得小学的时候,在一次家庭聚会上,我坐在饭桌上大声地问出了一个关于性的问题。在我的认知中,这个话题没有什么好羞耻的。聚餐就是一个可以问问题并和家人享受共处时间的地方。家庭聚餐是必须要参加的,而大部分的周末晚上意味着八点吃饭,因为那时大家都可以到场。

这是在电子录像机问世之前的时候了,虽然我非常希望能去看那些我的朋友们在追的并且会讨论的那些黄金时段电视节目,但我有更重要的事情去做,那就是和我的家人们在一起。家庭聚餐给了我能从其他人的角度看事情,以及分享我自己顾虑和疑问的机会。有时我们的对话是关于那些生活中琐碎小事的，有时我们也会（或者并不会）享受一些激烈的争论。但我们之间的联系变多了，转变也就开始了。

作为家长，我们现在和孩子进行的对话将会变成之后这辈子都会进行的对话，而它们将成为我们亲密关系的基础。要想让这本书发挥作用，那你就必须养成和孩子每天进行交流的习惯。习惯是改变行为的基石。如果你拿起这本书的目的就是积极地改善你和孩子的关系，那你就需要先改变一些自己的行为，然后鼓励你的孩子也这样去做。你可能已经有了一些能培养这些习惯的地方：如果你经常开车带他去某个活动、坐在一起吃饭或是一起看电视，你就是在和他建立亲密关系的基础。

当你打算进行一次对话的时候，请从书中挑选一个话题然后提问，并认真倾听孩子的回答。灵活性是非常重要的。你可以选择用一个小活动来开始，也可以用第 2 部分的提示来进行对话。有时你的努力能收获丰富而有意义的交流，而有的时候，你只能得到内容贫乏的闲谈，甚至有时，你会觉得你努力的结果与其说是愉快的交流，更像是干家务活。这些都是非常正常的现象。请记住，你在养成日常关心并且推进深度交流的习惯，而对于任何新的习惯而言，某些时候总会比其他时候显得更加容易一点。

## 怎样让习惯延续

让习惯延续的重点就在于坚持、不断重复和排列因果顺序。习惯的养成分为三个部分。第一个部分是提示，它能促使大脑认识到在这种情况下应该做出什么样的行为。第二部分是惯例，也就是你的实际行动。最后一部分是奖励。例如，你喜欢的周五节目正在播出（提示），而你会在每周五晚上边吃爆米花边看节目（惯例），那么在节目播出的时候，你可能就会流口水，因为这会让你联想到爆米花，而奖励就是那个咸咸的、脆脆的零食。这个习惯就是非常简单的在每周五晚上边吃爆米花边看节目。幸运的是，对你而言，你所正在培养的、交流的习惯是你这辈子都想继续进行下去的。请坚持下去，并给它一个形成的机会。

当你和孩子养成了这样的习惯之后，你就可以控制那些提示和惯例了。习惯的核心是交流，而那些话题、严肃程度和周围环境等因素都是可以在你们面对不同的人生旅程和困境时随意改变的。重要的是你要和孩子去坚持这样的习惯，并学会依赖和利用它。

请想一想什么情景能为你们提供最好的交流的机会，并确保它们是适用于你和孩子的。例如，你可能更喜欢在晚饭后交流，因为那时候你就不会再思考工作上的事情了，但那时你的孩子可能需要去做作业。想一想其他可能的时间段并

> **实 践**
> 家庭时间
>
> 　　家庭聚餐是一个非常适合养成交流习惯的地方。在过去的几十年中,每周家庭聚餐的数量正在不断减少。而当大家真的聚在一起吃饭的时候,他们又总是因为其他的东西,例如电视或是手机,而分心。如果你可以把聚餐变成一个日常习惯,那么请不要放过这个机会。家庭聚餐对孩子而言是一个起保护作用的东西,因为它给孩子提供了一个和家庭建立联系,而不是和手机建立联系的地方。研究表明,时不时和孩子坐在一起享受亲子时光能带来更好的交流,而孩子也会减少一些危险而冲动的行为。

进行尝试。记住,你需要形成这个惯例直到奖励自己出现并形成习惯。

　　当你发现某个时间点特别适合交谈的时候,请思考你可以用什么样的提示来开启对话。它们可以是泡茶、做爆米花、点一支蜡烛、坐下来给对方一个拥抱、拿起这本书或是简单地准备两杯水。

在你提议地点和时间的时候,也给孩子一定的话语权。他可能比较喜欢姜汁可乐、零食和一个柔软的毯子,他也可能比较倾向于放松地坐在地上一边喝茶吃饼干,一边交谈。一起决定什么样的场景对你们两个而言是最舒服的,这样,你的日常关心就能变成一个双方都期待的习惯了。如果你能确保这是个双向的对话,也就是说你的孩子也参与进了对话题和惯例的选择,那么他也会帮助你将这个传统进行下去。

为了保证延续性,至少在形成这个习惯的时候,请每天

### 养成好的习惯

我们通常都会想办法戒掉坏习惯,但在这里我们将着眼于如何养成一个全新、有效而迷人的习惯:和你的孩子聊那些重要的东西。请运用这三个步骤来帮助你养成高效的沟通习惯:

1. 一个能诱发行为的提示。
2. 一个能练习行为的惯例。
3. 一个能激励行为的奖赏。

选择同样的时间和地点和孩子进行交流。如果你的时间安排很难做到这样的话，就算时间可能不太一样，也请试着每天腾出一些时间来维持这个习惯。不用因此而感到压力，你也可以在错过后找个补救的时间，或是延长下一次对话。

请集中注意并尽情享受亲近和密切带来的愉悦，体会这份与孩子建立联系而得来的温暖和安全感。如果你有不止一个孩子，请思考同时关心和同时与多个孩子沟通会对你们之间的交流带来怎样的影响，以及什么时候这样的策略是合适的，什么时候不是。

同时，每天在一个特殊的时间点去沟通并不意味着你就不能在其他时候开展这样有意义的对话了。实际上，每天日常的关心能让一整天的对话都变得高效起来。

## 破解对话密码：运用 F 字词

有三个"F"字词能帮助推动对话进行：flexibility（灵活性）、fluidity（流动性）和 flow（感觉）。这三个词是紧密联系在一起的，它们将帮助你保持对话的行进。请时刻记得提醒你自己和你的孩子去运用这些词。

灵活性指愿意对各种各样的话题、场景或是语调进行转变。即使是你开启的对话，也要在孩子转向另一个方向的时候让他主导对话的走向。并且，如果他转变话题是因为他觉得不太舒服，那么请指出那份不适。你们可能都会因此而感到尴尬，但对他的话敞开心扉，并承认这种不舒服的感觉能有助于打破僵局。虽然过程可能会有些坎坷，但请努力向前推进并试着进行对话吧。

流动性是指对话是有进有退的。对话是双向的（有时甚至是多向的）。请确保你的孩子能在内容和时间上都完全地投入进对话中，同时，也请你多分享、多倾听，做一个好的参与者。

感觉是指顺应自然。当有什么事发生的时候，顺其自然，并尽自己所能就好了。请别去控制交流，即使你可能会在某种程度上控制时间和场景，但别去控制整个对话，不然交流就会变成单纯的独白或是说教了。

当你开始使用本书时，跟着感觉走是非常重要的。和孩子的沟通是没有什么正确或是错误的方式的。虽然这本书给你提供了一个开启对话的平台，但你还是要根据自己家庭的状态和观念量身定制你们的对话。把你的注意力集中在孩子身上，并在他倾诉够了或是想换话题的时候再去评判他。这并不意味着当对话让你们感觉不太舒服的时候就转变话题，因为正是这些棘手的地方能帮助你们成长。当你和孩子交流的时候，请集中注意力去倾听，并认真地注视你的孩子，而不是像走流程一样敷衍了事。如果你能保持灵活性、流动性，并随着感觉走的话，你就能真正地和你的孩子进行接触,并将本书的作用发挥到极致。

## 了解到你和孩子新的一面

我记得曾与我的老公和孩子玩过一款叫暗示性问题（Loaded Questions）的桌游。我们玩得很开心,重要的是,我在那天了解到了孩子全新的一面。这个游戏要求所有玩家回答一个相同的问题,并让本轮中当前回合的玩家对答案及其对应的回答者进行猜测。我们第一次玩这个游戏的时候,我的女儿以"我们挖了个洞的那天"作为"你人生中最快乐的一天是哪一天"的回答。

我记得我闲坐在那里思考:"这到底是哪一天,又是什么让那天那么有趣呢?"女儿的回答促使她谈起了课间和朋友之间发生的一件事。在这次对话之前,我对此一无所知。和你的孩子在一起的时候,你们会通过每天的关心更多地了解对方和自身。为了让这个过程变得有效且能够促进质变,你们彼此都必须全身心地投入进去,并愿意去深度探索。有时,这个过程可能会让人感到不适或者失望,但随着时间的推移,你们之间的关系会建立起来,而对彼此的好奇也会自然而然地浮现。

在你开启这段新旅程的时候,请与自己对话并接受自己。想一想你是怎么和自己对话和谈论自己的。你对自己的

## 封闭

"你让我一个人静静,我现在不想说话。"你可能遇到过孩子这样把自己封闭起来的时候。这样的表现可能意味着他身处不同情况。这可能是因为他今天很累了,或是因为作业很烦心,也有可能是因为他的朋友误解了他。很多时候,他可能只是情绪过载了,并需要一个情绪上休息的时间。这应该被尊重和理解。如果你的孩子看起来想和你待在一起,请考虑以其他的方式享受亲子时间以帮他放松,例如一起去散步、做晚饭或是看电视。过一会儿再找个时间坐在一起谈谈,配上茶或是甜点也是个不错的选择。以下是一些可以帮助重新开启对话的小建议:

**保持耐心。**坐在一起,别急着推进对话。

**问问题。**避免说教你的孩子,试着去问问他的想法。

**保持安静。**你当然可以去分享你的故事,但请别为了说话而说话。

**别焦虑。**孩子难过并封闭自我是个正常现象,所以请理解并接受这样的安静和尴尬。

**创造联系。**和孩子分享你自己感到不适的那些时刻，可以说说自己是怎么应对这些情况的，然后问问你的孩子对此有什么建议。

**以诚相待**。告诉孩子你现在的感觉，并说出在你理想状态下现在应有的情况是什么。

**创造一个没有评判的环境**。明确说明你愿意接受任何孩子会说出来的话，并不去发表你的评价。

最后转回到对话上来是至关重要的，因为它能让你的孩子知道你对他生活的方方面面都有关注，并且你并不害怕去聊那些难以启齿的话题。正是那些难以启齿的话题能够让我们经历考验，并真正建立联系，所以请尽可能地多开启和深挖那些对话吧。

评价会比较高吗？你是否以你希望孩子看待你的方式在描述你自己呢？在和自己对话这方面，有没有什么你想改变的地方？你想改变成什么样子呢？你能否写个脚本来展示你会怎样以不同的方式和你自己对话或是谈论自己呢？又有怎样对应的行为能帮助你实现这种新的自我交流的方式呢？例如，如果你可以告诉你自己："有时候不那么完美也没什么关系；我很欣赏自己能从错误中恢复过来的能力……"你需要怎样推进这个过程呢？对应的行为可以是去把握机会、从家人朋友那里获取帮助、记录下你的感受、设定拓展自我和尝试新事物的目标或是接受不完美的自己。

## 常见疑虑

很多家长都有担心与孩子沟通时会对峙的疑虑，例如让孩子听进去话、保持眼神接触、克服他们自己的不适以及担心对话的有效性等等。

通常，当我们有顾虑，或是什么事发生的时候，我们就有一种插手介入解决问题的冲动。我们与孩子之间非常多的对话都是关于处理困境和寻找解决方式的。而作为家长的职责之一，就是教会孩子自救的技能和策略。其实，在教会孩子如何和你沟通的同时，你也教会了他如何与其他人沟通和建立相互信任的有效关系。从本质上来讲，你是在教导你的孩子做他自己，并以你开启对话的方式开启他自己的对话。

沟通可以不必是对峙类型的。事实上，对话的环境应该被提前设置成能让沟通变得互惠、舒服及开放的样子。确实，最棒的对话应该是那些自然而然出现的那种，但以我们现在忙碌的程度，固定好对话并选个时间和地点去和孩子沟通可能是最好的方式了。

● "我怎样才能让孩子真正听进去话呢？"

很多家长认为孩子并不听他们的话，但实际上孩子是在听的。并且，不论你相信与否，没完没了的重复和碎碎念是没有办法获得孩子注意力的。大部分时候，孩子是希望满足父母的期望并让他们开心的。如果你能着眼于什么是重要的，并随时间推移把其中的核心内容烙在孩子的脑子里，而不是没完没了唠叨的话，孩子是能听进去话的。同时，请记住传达信息有时是不需要用语言的，所以规划你的期望并给予帮助可能会是非常高效的手段。

● "如果我的孩子和我的想法并不一致怎么办？"

孩子听你说话并不意味着就赞同你的想法。事实上，当孩子反对你的时候，他实际上是在表明他的独立和自主性。这是件好事。你希望你的孩子能听进去你的话，理解你的观点，然后总结出他自己的观点来，而不是重复你的。诚然，孩子的想法可能并不成熟，所以跟着他自己的想法走可能会做出一些不太聪明的决定，甚至犯下错误。但犯错才能让你和你的孩子学会新的东西啊。我们都需要摸爬滚打才能明白成功的真谛。

● "我怎样才能让孩子在我们说话的时候看着我？"

和你的孩子在对话中练习进行眼神交流是个很棒的想

法。良好的眼神交流不仅在对话时对孩子有所助益，也能在他与老师、朋友甚至同事进行严肃的谈话时起到作用。你要让孩子知道什么时候眼神交流是很有必要的。有时，一个友善的请求就可以搞定这个问题："请在我们聊天时看着我的眼睛。"有时建立适时的眼神交流需要更多的练习和提醒。请别在孩子看向别的地方的时候训斥孩子。你要当一个榜样，并保持耐心。孩子有时会在他们紧张、害怕或是羞耻的时候避开眼神，这时，请向他们保证你会陪在他们身边，而他们可以去信任你。

记住，有些对话实际上会在没有眼神交流的情况下更高效。如果你在和孩子建立联系上有困难，或是你（们）感到有些尴尬，在你们做其他事情或是开车的时候进行对话可能会帮助解决这个问题。请谨慎选择机会，这样你才能在合适的时候告诉孩子眼神交流的重要性，而不是总是硬性要求他们。

● "我怎样才能克服和孩子讨论那些难以启齿的话题时产生的不适感？"

理想状态下，在足够的对话和联系之后，即使你在面对最难以启齿的话题时也能感到非常舒适，或者至少感觉没那么难受了。但是，你不需要在你变得足够舒服之后再开始这样的对话。事实上，承认你的不适能告诉你的孩子两件事：1）这样的对话非常有必要进行，即使是你也会感到不适。

2）你非常在乎你的孩子，以至于愿意踏出舒适圈去帮助你的孩子处理这些重要的问题。所以，你可以在开始前就告诉孩子你的不适及其原因，然后再开始对话。如果他问了你不知道该怎么回答的问题，请确保你私下去查阅完答案后再给他解答。

● "如果我的孩子因为别的东西分心了，或是不感兴趣该怎么办？"

　　有时我们很难分辨出孩子是分心了，还是单纯没有像我们期待中的那样参与对话。孩子不想进行对话，尤其是那些严肃的对话，是非常正常的，所以请你尽可能地保持耐心并理解孩子。通常，较少的眼神交流暗示着孩子的不感兴趣或是不适。但如果孩子在集中注意力做别的事情，例如和别人面对面或是在网上聊天，那么很显然是他分心了。

　　请花点时间思考下你是怎样开启这段对话的，以及你选择的时间是否合适。有时，我们没工夫去等待，但如果你有的话，找个你们两个都能够放下手上的事并全心全意地投入对话的时间。如果你找到了一个合适的时间，但你的孩子还在忙着做别的事情，请别觉得孩子是在针对你。找出他分心的原因，如果可以的话，让他先去做他需要去做的事情，然后再让他全身心地投入进你们的对话。电子设备可能会很大程度上让孩子分心，但它也可以成为把你们联系在一起的东西，所以请试着接受它，并物尽其用。

● "如果我的孩子拒绝和我交流怎么办？"

和一个不作回应的孩子对话是非常让人沮丧的，但请试着把它当作一个过程。你的孩子会保持沉默是很正常的一件事，这没什么关系。说你需要说的，然后给孩子时间和空间去回应。当你等待某人的回应但迟迟等不到时，你感觉你可能等了一辈子了，但请给他点时间并保持耐心。你可以安静地坐在孩子旁边等待，如果过了几分钟后，孩子还是没有反应，你可以问问他是否打算回应，或是他是否需要更多的时间。

如果你们真的在这上面卡了壳，那就休息一下。当你再次试图进行沟通的时候，请以一个轻松随意的方式开启对话。在脑海中准备一个开启对话的引子，如果需要的话，做好撤退的准备，直到你们都准备好了再开始。如果事态紧急，你可以试着写一封信、一封邮件甚至是一条短信以开启对话。如果这个对话很重要的话，尽管面对面的交流是最优选择，退而求其次的书写方式也能帮助你促成对话并解决问题。

● "我怎么判断我是否需要和孩子进行紧急沟通呢？"

如果孩子的某些行为让你感到担忧，而你不确定是应该迅速介入还是小心行事，那就请赶紧行动起来，因为你的直觉可能在暗示你什么。那些该引起你注意的事情包括：孩子行为上的转变；孩子看起来比平时更情绪化了；他可能在和不同的朋友玩了；他的饮食和作息习惯发生了改变，等等。这些可能是正常的、成长的一部分，但它们也可能暗示着更大的变化。

如果你担心孩子会伤害自己或是他人，请停下手上所有的事情并向外界寻求帮助。你可以求助的人包括孩子的老师、学校辅导员、心理医生或者儿科医生。如果他们没办法帮助到你，通常也会给你一些很好的建议。不论你的专业经验和个人经历如何，承认自己一个人处理不了问题是没什么大不了的。

如果孩子的行为并没有特别让人忧心，你的直觉也告诉你他的问题不过是日常小事的话，你就可以放慢脚步徐徐图之。作为家长，我们通常在我们感到不对劲的时候就会立刻插手进去。如果你能够立刻和孩子进行深入沟通的话，这当然很好，但并不是所有情况都必须这样，所以，如果你想花点时间去弄清楚到底发生了什么的时候，请别因此而感到恐慌。通常，在你深思熟虑之后再去沟通要比立马进行交流效果要好得多，因为你有可能会在太急的时候说出一些让你后悔的话。

● "我怎样知道这个谈话是有益的，还是有害的呢？"

你可能会疑惑："这个对话有必要进行吗？"而它的答

案大部分时候都是有必要。更好的问题应该是"我是否以合适的方式开启了对话？"或是"我是不是当前适合和孩子沟通的那个人？"

如果你担心或是好奇孩子生活中的什么事情，那么你就应该和他聊聊。你可能没办法立刻知道这样的对话是否有益，但你可以寻找那些能够告诉你他还没有准备好听你说或是向你倾诉的信号。这些信号包括：孩子拒绝进行眼神交流、不作回应或是顶撞你、分心或是和你争吵。

如果你觉得你在对话中所做的努力并没有起到什么作用，但你知道这很重要且必须进行，那么请鼓励你的孩子去和一个你信任的人聊聊。和你孩子一起去寻找那个能帮助你们的人，这个人可以是孩子的阿姨、叔叔、辅导员、教练或是一个和你们家很亲近的朋友。确保你提前和那个人聊过，且你相信他的判断，而他也做好了以你们家庭的观念去指导孩子的准备。

● "如果对话变成对峙了怎么办？"

其实你们的对话有时转变成对峙，也是没什么大不了的。意见不同并不是什么需要回避的东西，但你应该以一种有效的方式去处理它，而这在情绪冲上头的时候可能会变得异常困难。对峙可能会让我们感到尴尬，并促使我们说一些会让我们后悔的话。请尽你可能地去理解孩子为什么会产生这样

> **当自我封闭变得危险的时候**
>
> 有时孩子的情况需要更多特殊的关注。如果你的孩子提及他要去伤害自己或是别人的时候,你需要立即采取行动。你必须和孩子聊聊他对伤害自己或是别人的这个想法到底有多认真,看看他是否有一个制订好的计划,或是他是否能够设法得到武器或是药物。如果你担心孩子现在不太安全,请带他去最近的急诊做一个心理测试。如果你很担心他的安全但他不愿意配合去医院,请向警察求助。

的想法,并明确表达出你的理解。这时,深呼吸是非常有用的。如果这样的对峙让你觉得无法承受下去了,那就休息一下,直到你感觉自己冷静了一点以后,再继续进行沟通。记住,你在教孩子如何在困境中表现,所以你必须表现出你并不害怕对峙,但有时退一步并休息一段时间也是个不错的选择。

● "如果事情超出了我的能力范围怎么办?"

有的时候,避免和孩子对话可能是最好的选择。这种时候可能包括：当你相信你的孩子正考虑伤害他自己或是他人的时候；如果你觉得孩子进入了深度抑郁的时候；或是你觉得他有滥用药品的问题的时候。在这些时候，请确保孩子能和一个值得信任的成年人沟通，或者如果可以的话，能让一个专业人士去帮助。并且，请让他知道无论发生什么，你都会在他身边陪着他的。当然，你也可以和孩子进行沟通，但当事情超出你的能力范围的时候，请确保你和你的孩子在触手可及的地方就能得到合适的帮助。

● "所有的对话都应该是一对一的吗？"

养成沟通习惯的最终目的是和孩子建立亲密关系。虽然很多对话在全家都参与的情况下也能达成目标，但有些对话还是更适合一对一进行。例如，如果你想聊一聊一些比较私密的话题时，例如：男朋友、挂科或是一些和惩罚相关的东西，请考虑以一对一的形式去进行。请根据对话的内容随机应变，有的时候两个成年人和一个孩子的对话可能会让人感觉有点对峙的意思；如果一个大人同时和多个孩子进行交流，那么孩子们就没办法得到他们在深度交流时所需的注意和隐私性了。

下一步，我们就将把沟通看作一个过程，并向你展示如何开始，以及如何改善你语言上和非语言上的行为，以建立你所期望的那种亲子联系。

"倾听远不止于让对方说话，并找个恰当的时机回应这么简单……倾听的美妙之处在于被倾听的人感觉自己被接受，并开始更认真地对待自己所说的话，最终找到真正的自我。倾听其实是一种精神上热情的体现，通过它，你将把陌生人变成朋友。"

亨利·卢云（Henri Nouwen）

# CHAPTER 4

## 第 4 章
## 对话开场白和提示

当我十八岁的时候，我邀请了一个陌生的男人上了我的车。那是一个雨夜，我正开车送我朋友回家，我看见路边有个人站在一辆看起来像是坏了的车旁边。我有点担心他，于是就停了下来问他需不需要打个电话。这是在手机出现之前的事了，所以我问他要不要去我朋友家打个电话。他问我能不能直接捎他到他女儿家。我不想表现得那么粗鲁，所以我让他上了车。我的直觉告诉我，我犯了个错误，但无论如何，我还是送他回了家。结果其实什么都没发生，他真的只是想要去他女儿家而已。那一幕我在脑海中反复上演过很多次，我也深知它可能会以完全不同的方式结束。

当我和我的孩子们分享这个故事的时候，我坦然地承认了我当时可能做了一个愚蠢的决定。我的直觉告诉我，我应该摆脱那个情况。虽然什么事都没发生，但我确实拿我的安全冒了险。我能从这次经历中学到什么呢？以后我能做出怎样不同的选择来让我对局面有更多的掌控呢？让陌生人搭便车到底可不可取呢？在告诉他们我也没有这些问题的答案的时候，我让孩子们知道了大人都会犯错，然后从中学习，同时，这表明了我对他们的想法和失误会保持开明的态度。

作为家长，我们总是一边想让他们独立一边又想保护他们不受任何伤害。有一种方法可以平衡这种相互冲突的欲望，那就是以直接而深思熟虑的方式给予现实的指导和建议。对话是一种你分享自己的想法、对孩子建立期望的方式。你要清楚自己的职责是要去保护孩子安全的同时，教会他如何做自己的主人。成长需要花费很长的时间，而重要的是要给孩子提供能够锻炼其独立性的机会，然后和孩子聊聊他们做出的选择。这些机会能够让孩子赢得你的信任，并给你们的交流提供重要的话题。请花些时间和孩子聊聊他们做出的那些决定，而不是自顾自地认为他们能够明辨是非黑白。

当我们和孩子交流的时候，不要强迫让对话有一个结果，要认识到对话应该是灵活且有延续性的。我们所建议的许多话题都带有刺激性，并且可能让人难以启齿。你可以先从感觉比较简单的话题开始，然后逐步向更难的对话发展。

或者，你可以考虑直接告诉孩子，这可能对你而言会有些困难，然后向前推进对话。你可能会一遍又一遍地回到同一段对话上去，尤其是那些棘手的话题，所以让你的孩子知道就一个话题只进行一次讨论是远远不够的。同时，还要让他们知道，他们可以随时与你分享自己的问题和想法。

## 创造能够受益终身的对话

你现在与孩子进行的对话将帮助你在之后的日子里继续这样的交流。你们彼此的关系越开放，就越能建立起对彼此的信任，你们的关系也就会更加牢固。请确保你的孩子知道无论发生了什么，即使你可能没办法知道所有问题的解答方法，但你一定会一直在他身边。

● 征集话题意见

虽然作为家长，你必须要成为孩子的榜样，并提出一些大的方向，但你和孩子应该是一起决定对话的走向的，因为交流从来就不应该是单向的。请考虑在他没办法自然而然提出话题的时候，你该怎样向孩子征求意见。可以用日记或列表的方式来收集一周内各种各样的话题或想法。这甚至可以成为一些有趣的晚餐玩笑（特别是当孩子的朋友们来家里做客的时候）。鼓励你的孩子向你提问，并做到不去回避那些

### 改变你的语气

改变你的语气会对你的行为产生巨大的影响。通过放软语气,你能减轻你与孩子的压力,并带来积极的结果。

在下次你觉得你需要提高音量的时候,请试着轻声和孩子说话,并注意孩子是如何立刻发生转变的。你有过那些没完没了地叫孩子去喂狗、把毛巾捡起来或是把鞋穿上的时候吗?与其再命令他一遍,不如试着以开玩笑的方式,在他耳边轻声细语地告诉他你的请求。看看他的反应如何,他可能会微笑、大笑或是同样轻声细语地回答你。这个技巧能带给你惊喜,它能使你获得孩子的注意力。

有难度的问题。如果你也不知道问题的答案,那就和孩子一起去找找吧。

● **保持对话的行进**

请保持对话的开放和行进。如果你很难产生新的对话,而你的孩子在这上面也没出什么力,你可以考虑买一块大白板让家庭成员在上面提问和评论。把白板分成各种频道,可以是关于电视节目的,或是学校发生的事,也可以是任何事情。然后找个时间聚在一起讨论所有的问题和评论。这能让大家思考这些问题,并给一些回复的时间。同时,这还促进了对话的行进,而这是正在成长中的青少年不会主动去做的一件事。

## 启 程

接下来的提示能帮助你规划沟通,并评估这场交流进行得如何。运用你最好的判断力去寻找合适的时间、语气和地点来进行交谈。如果交流进行得不太如意,或是需要延长,请思考哪一部分在将来应该保持一致,而哪一部分又需要有所改变。请将对话清单作为一个快捷的指南或是备忘录来让你保持在正轨上。

● 语气

在你开始对话的时候,思考一下你的意图。这个对话严肃吗?保持冷静对你而言是否重要?你是否在试着去引起孩子的兴趣?语气是心理医生最好的武器。他们知道如何控制自己的声音去表达不同的情绪,并以此给顾客提供舒适和安全感。

## 对话清单

**语气**
- 你用对了语气吗?
- 你和你的孩子之间有舒适感吗? 还是有紧张感?
- 你的孩子有没有消极回应或是避开你的眼神交流?
- 他是否看起来很生气或是沮丧?
- 如果你没有选择合适的语气,你应该怎么改变呢?

**环境**
- 你们谈话的地点是否对你和孩子而言都是舒适的?
- 让你们分散注意力的程度是否合适有效,还是你正渐渐分心?
- 如果你们没有处于合适的地点,请找一个更合适的地点,或者改天再约。

**时机**
- 这是一个合适的谈话时间吗?
- 如果不是的话,你们能延期吗?

**非语言的交流**

你的肢体语言是否通过开放的身体姿态、温和的眼神、微笑和点头向孩子传达了信任、开明和真诚呢?

你是否巧妙地镜映了孩子的非语言行为?

请仔细考虑你听和说的方式,你的孩子会注意到你说的话和你身体全部的。

家长们也可以运用这个非常高效的工具。如果孩子感到焦虑,请试着轻声细语地说话,放慢你的语速,有意识地控制你的表达。如果孩子表现得胆小羞涩,那么请让你的声音听起来有活力而充满激情。有时,模仿孩子的语气、非语言的动作和行为也可能会帮助你。这能告诉孩子他的"话"被"听到"和理解了,而这是建立信任基础至关重要的一部分。

如果对话进行得不顺利的话,你可以试着直接说"我想我们一开始出了问题,我们能重来一遍吗"之类的话。或者你们可能需要休息一下,在你和孩子能用更好的语气说话时再重新开始这段交流。

● **场景**

当你选择一个谈话地点的时候，想一想对这个对话而言，眼神交流是否必要，而一些分散注意力的东西是否会是有益的。有时候你在地点的挑选上并没有太多的选项，如果是这样的话，你要充分利用你现有的选择，集中精力，为对话腾出时间。在需要的情况下请不要犹豫地更换场所，如果这没办法实现的话，你可以暂停对话，直到你找到一个合适的地方为止。

如果你需要谈论的东西必须在此时此刻解决，而你不能将这个对话转移或是暂停，那就深呼吸，正面应对吧，但同时请考虑这样的地方会如何影响你的言行举止。

下面是一些能让你的对话更舒适的场景：

- **开车兜兜风**。如果眼神交流对沟通没那么重要的话，车里会是一个绝佳的对话场景。流动的音乐，私密性良好的车内，没有任何人能让你们分心，这样的兜风能让你们平静下来。当你带着孩子去参加某个活动的时候，通常你将收获一个被迫关在车里听你说话的孩子。当然，你也需要将注意力集中在安全驾驶上，如果你们的交流太过深入以至于你没办法集中开车的话，请就近找地方停下来。
- **去散步聊天**。这样的话你们就不仅能获得一些隐私，还能看到不断变化的风景了。新鲜的空气和周围的大自然能帮助你和孩子平静下来。即使交流变得情绪化了，这样的锻炼也是有帮助的。

### 请把你的手机放下来！

当你进行对话的时候，你的手机能以关闭，或是屏幕向下之类的状态放在你身边吗？非常不幸的是，答案是不能。因此，2014年弗吉尼亚大学(University of Virginia)的心理学家沙利尼·米斯拉(Shalini Misra)在一项研究中创造了著名的手机效应（iPhone effect）。研究者们观察了咖啡馆中的一百对情侣，并发现即使手机处在关闭的状态，只要出现在桌面上，它们就会对对话产生消极的影响。人们会减少那些重要的、情感方面的交流，并表现出更少的共情。

如果你的孩子正因为手机而分心，那就在强迫他放下手机之前，给他些时间让他去和他的世界创建联系。例如，在你接他放学的时候，在让他集中注意力在你身上之前，给他几分钟让他放松和玩手机。但在那之后，确实就得要求他集中注意力了。

- **在孩子房间聊**。孩子喜欢在他们的房间进行交流，尤其是在睡前。因为这能让他们晚睡一会儿，而且他们刚结束了一天的忙碌，可能也会因此放松一些。孩子的房间可能非常适合去聊一些私密的、敏感的话题，例如性、霸凌，或是爱。
- **边购物边聊**。购物可能对你和孩子而言都是一个非常有趣的事情。购物疗法是有它存在的理由的！但是，请别在挑选合适的毕业舞会服装或是昂贵的礼物时进行什么深刻的交流。试着在常规日用品采购或是外出买书、买衣服的时候和他们聊聊。当你想聊那些很可能会触及许多问题，或是需要时间去思考和消化的话题时，购买小零碎的时间会是一个很好的选择。
- **在休息的时间聊**。假期能够给你们带来一个不同的环境，而这能引出全新的角度和想法。你们也能从日常的琐碎中逃离出来。
- **出去吃饭的时候聊**。出去吃晚餐或是去吃冰激凌能在改变周围场景的同时依旧让你们享受专注的亲子时光。还有，请考虑和你的孩子单独吃一顿饭来创造一个特殊的夜晚，这将提供给你们更多互相了解的时间。
- **一心多用地聊**。你希望你的孩子能知道在你们聊重要的事情的时候，你全部的注意力都集中在了他身上。虽然是这样，但有时一点点分散注意力的东西也能派上用场，比如一起做晚餐、做家务，或是打扫房间。这样，你们在一起分担家务，做一些有意义的事情的同时，以一种自然的方式交谈。有时，多线处理事情是对你的大脑有好处的，它还可以让对话变得不那么刻意。如果你正在干什么事的话，你就不会过度关注对话，即使对话变得非常激烈，你也能用干活来缓和场面。同时，它还营造了一种轻松的氛围，这能告诉孩子在任何时候都可以和你交谈。

● **时机**

如果可以的话，为你的孩子安排恰当的谈话时间。他是个喜欢早起的人吗？还是他喜欢把睡觉时间推得越晚越好？如果他是个夜猫子，那么在睡前和他聊聊天可能会让他更多地参与进来。寻找恰当的对话时间可能是件很困难的事情。你希望你能在没有其他安排打搅的情况下深度地探索一个话题，但通常我们都没有那么多时间，并且需要快速做出决定。这时，你需要认识到再次聊同一个话题去分享更多内容，或是问你想问的问题是从来都不算太晚的。

清早刚起来的时候可能是自查情绪或是赞扬新技能、新想法的理想时间。例如，如果你在前一天晚上和你的孩子聊了有关友谊的事情，并且一起想出了一个解决棘手的友谊问题的策略，那么早上是一个非常适合进行快速回顾和提醒的时间。一般来说，最好的对话时间是晚饭和作业完成以后，也就是大脑开始休息，孩子也更能放松和谈论隐私话题的时候。

● **非语言的交流**

我们大部分的交流都是非语言的，这包括眼神交流、面部表情、手部动作和身姿体态。在与孩子交谈时，学会控制自己的非语言行为对营造信任、开放和诚实的氛围是举足轻重的。作为一个温暖、直率的家长，你应该通过开放的身体姿势向孩子表达这些特质。这意味着身体要张开，双手放在身体两侧，完全面向你的孩子，保持直接、柔和的眼神交流，露出温柔的微笑，并在孩子说话的时候轻轻点头以示回应。通过这样的肢体语言，你就能让孩子知道他对你很重要，并且你正在全身心地投入这场交流。

想象一下一位母亲正和孩子讲饮酒和毒品的事情。她在对话开始的时候就把手插在了腰上，一脸严肃地盯着孩子。她和她的儿子说："你知道的，约翰尼，我很希望你能和我谈谈饮酒和吸毒的问题。我希望你和我在一起时能感到非常自在，这样我们就可以开诚布公地聊这些东西了。"不幸的是，这位母亲的话没办法起到什么作用，因为她的非语言动作表明了她处在一种严肃甚至可能是准备对峙的状态。一个开放的身姿体态能告诉她的儿子她真的准备好听他讲话了。

## 成功，从假装开始

你在处理由孩子带来的对峙和沮丧方面存在问题吗？如果有的话，那就请照流行的那句格言去做吧——成功，从假装开始。你知道，当你微笑的时候，即使是强挤出来的那种，你的身体也会分泌出著名的"幸福激素"——血清素和多巴胺。此外，你的身姿体态和手部动作会在一个反馈回路中给你的大脑发出信号，以此帮助改变你交流的语气。所以即使你的心情状态不怎么好，只需要强行摆出正向的非语言动作，你就能收获更好的心情。微笑、大笑和拥抱都是能建立更积极心态的非语言行为。试着使用这些技巧，并分享给你的孩子吧。

神经科学研究推进了我们对人类情绪的了解，并提供了能够帮助我们成为优秀沟通者的信息。边缘脑包括杏仁核、海马体、扣带回、眶额叶皮层和岛叶。杏仁核被认为是大脑的"情感中心"，所有进入意识的信息都会经过这里。当我们的身体或是心理受到威胁的时候，这个情感中心会迅速受到刺激。边缘脑会迅速解析各种非语言信息,也就是那些肢体语言、语气、信息素[1]及眼神交流等等,来帮助我们理解各种信息。

非语言交流到底有多重要?很多神经科学家会告诉你这不在于你说了什么,而在于你怎么说。研究表明,当人们表现出来的非语言动作(例如一个冷漠、封闭的姿势)和其语言表达出来的内容(一种笑嘻嘻的、活泼的说话方式)不一致时,人们会拒绝理会那个人,因为其所传达的信息根本说不通。在马尔科姆·格拉德威尔(Malcolm Gladwell)的作品《决断两秒间》(*Blink*)中,他列举了相关行为,同时也给出了人们迅速且激烈地对类似行为进行抨击的例子。所以,无论怎样,你对非语言沟通的了解越多,你作为父母的效率就越高。

另一个心理医生常使用的著名技巧是"镜映"。这个技巧其实就是直接模仿和你对话的人的行为。例如,如果孩子在说话的时候,头向左倾斜着,那你就也把头向左倾斜一点;当他微笑的时候,你就也微笑。这个技巧要运用得巧妙才行,也就是说你不能做过头了。这个技巧的目的是帮助你的孩子明白你在和他共情。他可能也会学会这个技巧,而你可能会发现他正把这个技巧用在你身上,这样做其实能教会

---

[1] 信息素:生态学名词,一种生物释放的,能引起同种其他个体产生特定行为或生理反应的信息化学物质。——编者注

我们一些社交礼仪。需要注意的是，如果你做得笨手笨脚的话，孩子可能会因此感到生气，因为他们可能会觉得你在嘲讽他们。

当你调整完你自己的非言语语言并以此传达出开放和共情的状态之后，你就需要去解析孩子的非言语语言了。例如，我十岁的儿子紧张的时候就会拉伸他的脖子。当我注意到这个行为的时候，我就会问他："你还好吗？有没有什么我能帮忙的？"你的孩子有不用开口就能和你交流的方法，而一旦你能够理解孩子的一举一动以后，你就能更好地处理那些争执，安抚他们的情绪和平息他们的焦虑了。通过改变自己的肢体语言和解读孩子的，你就能减少焦虑，变得更加自信起来，而这也将帮助你们建立更多的联系。

现在，你已经解决了语气、场景、时间和非语言信息的问题，你会为孩子跟随着你开始进行交流的速度而感到惊喜的。

## 让不愿合作的孩子参与进来

如果你已经读到了这里，而你觉得你的孩子还是沉默着不愿意参与进来的话，下面是一些你可以尝试的方法：

- **直率交流**。让你的孩子知道你在努力尝试，并且你希望得到一些双向的交流。

- **进行肢体接触**。把一只手放在孩子的肩上，进行眼神交流，或是给孩子一个拥抱，然后问："你希望我们怎么来进行呢？"肢体接触能让大脑释放催产素，它能自然而然地减轻身体上的压力。
- **休息一下**。如果孩子不愿意沟通，那也不用强求。你已经尝试过了，虽然速度很缓慢，但信息已经在传达了。后退一步，让你的孩子知道无论要花多长时间，你都会和孩子进行这个对话的，而你也会尽你可能保持耐心。
- **换个地方**。出去走走或是坐在沙发上，看看一个全新的、更舒适的环境能不能帮助对话进行。
- **暂停一下**。有时什么都不说比说话更有用。如果对话进行得不太如意，现在先搁置一下。
- **询问孩子的建议**。问问孩子"到底发生了什么"，他是否知道沟通这么困难的原因是什么？给孩子一些选择权。例如，"你是想现在聊还是明天再说呢？"向孩子强调沟通的重要性，但也不用急着向前推进这个过程。

## 策 略

一些通用的策略将帮助你参与进和孩子的对话中，并确保这样的参与是富有成效的。在第 2 部分中，我们为不同类型的对话提供了具体的活动和提示。当你尝试使用它们时，请记住以下几点：

- **着眼于积极的方面**。我们很容易就会把注意力集中在那些进行得不太顺利的地方，或是绊脚石上。然而，我们应该以一个开放的态度进入对话，并且做到不去指出或是责备那些做得不太好的地方。如果孩子的行为是你们谈话的原因，那么请在对话的开始和结束时用积极的语调去赞扬一下孩子身上你欣赏或喜欢的行为。
- **保持畅所欲言的状态**。记住，这将不会是你和孩子第一次或是最后一次的对话，而且这甚至可能都不是你们关于当前话题的第一次或是最后一次对话，所以请确保你的孩子知道任何话题都是平等的，而你也欢迎他提出任何问题。
- **保留你的看法**。做出评价是很自然的一件事，而且我们常常在能够阻止自己之前就已经这么做了。在你有机会处理这个情况之前，请尽量克制自己不要做出任何评价。仔细思考你所听到的，并注意不要反应过激。
- **保持冷静**。很多时候我们和孩子的对话会让我们变得激动，而且这通常都不是积极正向的那一种。请试着让自己保持冷静，即使这会让孩子看到你说话断断续续、陷入沉思或是深呼吸的样子也没什么关系。
- **倾听，而不是解决问题**。陪在孩子身边比确保所有事完美进行要重要得多。如果你不给孩子独立发挥的空间，他是永远没办法学会自己解决问题的。
- **认同孩子的感受和忧虑**。你不需要认同孩子的行为或是举措，但你应该认同孩子本身和他的想法。请让孩子知道你理解（或是正在试图理解）他的感受，以及他会产生这样的感受是完全正常的。
- **找一个你们都信任的人**。当然，你正与孩子进行对话以建立你们之间的亲密关系，并且在理想状态下，你的孩子知道你希望在他遇到任何问题或是有任何疑虑的时候能向你求助。但是，请告诉他如果他不太想和你聊某些事情的话，这是完全没关系的。请找一个（或几个）你愿意让他去求助的人，并确保孩子有他们的联系方式。同时，请确保这些人深知自己的责任。
- **把握机会**。如果沟通的机会出现了，即使你觉得自己还没准备好，也别害怕去把握这次机会。请相信自己的直觉并谨慎行事。
- **直率些**。俗话说得好，诚实方为上策。当你胡扯的时候，你的孩子会注意到你的优柔寡断和犹豫。这并不意味着你一定要拥有所有问题的答案，但请一定要果断地做出决定。如果你改变主意了的话，请明确说明情况。
- **提出开放式的问题**。提出一些没有特定答案的问题，并做好孩子的回答和你期待的不一样的准备。这时，保留你的评价或是暂停对话，能够帮助你回归平稳的状态并构思一个富有成效的回答。
- **练习角色扮演**。角色扮演是一种非常好的、练习沟通的方式，它也是能让你们互相更加了解的方式之一。如果你的孩子正苦恼如何与朋友或是老师相处，那就试着以角色扮演的方式进行一次对话。这可以让你的孩子练习他可能将要说的话，同时，这还能让他在面对朋友或老师时有一些熟练带来的舒适感。
- **讲故事**。用个人经历举例证明你的观点。这能让孩子更加了解你，并让你以一种不是说教的方式分享你的经验。
- **用心倾听**。当你去倾听的时候，请全心全意地倾听孩子。这并不意味着你要陷入被动，相反，你必须在不说话的时候也表现出你在积极地参与着对话。请对孩子所说的做出回应，重述他的话来确保你理解了他的意思，并保留你的评价，这能告诉孩子你认真地听了他的话，并且你很重视他的想法。
- **放下期望**。做好准备迎接即将到来的任何东西。这意味着要以开放的态度去接受真正双向的对话。当你有了期望，你就可能会让自己失望，而你的孩子是能看到你的失望的。
- **自查你的情绪**。在你和孩子沟通的时候，思考你自己的情绪是怎样的。给你的情绪打分可以帮助你进行自我评价，它还能在你想和孩子分享的时候提供一个清晰的描述方式：5 分是感觉很棒，4 分是进行得很顺利，3 分是感觉还行，2 分是感觉不太好，而 1 分是感觉糟透了。在整个对话中时不时检查孩子的情绪也是一个很好的选择。如果您的孩子是个视觉学习者，请使用视觉信息来辅助说明这个系统。
- **运用回忆**。聊一聊那些你们在一起时的快乐时光。一起回忆一下那些能促使孩子给予反应的、傻不啦叽的或是尴尬的事情，这能帮助你创造一个快乐的时刻，并建立起对彼此的信任。
- **辨别感受**。帮助你的孩子辨别他的感受。当孩子还在蹒跚学步的时候，他会提出各种需求，而当他说错话或是你没听懂时，他会变得非常沮丧，甚至可能会大发雷霆。青少年也会有类似的沮丧感。他们正在经历情感的萌生和不平衡的荷尔蒙分泌，并且他们经常通过表现得固执或粗鲁来宣泄他们的沮丧。孩子需要知道到底是什么导致了这种沮丧感，这样他们才能更加了解自己，并更能控制自己的行为。

## 沟通是一个过程

沟通是一个过程，在本章中，我们探讨了许多开启这个过程的方法。现在我们要做的就是延续对话，思考你们对话的进展，看看它们是否在实质的内容上变得更加丰富了。以成长型思维的观点来看，随着时间的推移，对进步和成长的表扬是至关重要的。对本书而言，我们需要相信我们是可以成长和改变的，而我们的性格也并不是固定或是一成不变的。大家可以从不同的阶段起步，并以不同程度的结果为目标。无论如何，请着眼于对话的进展和不断增加的深度，而不是它们的时长或是本书中所有练习的完成度。我们的最终目的，是成长。

请赞扬任何开放或双向的对话，并全身心地投入进去。记住，即使参与意味着安静的倾听，它也远比不参与要好。孩子说话和共鸣的方式各有不同，与同龄人或是大人的都有差距，所以，请耐心地花时间去了解你和孩子各自的沟通方式。即使是一点点行为上的不同也可能让我们前功尽弃。如果想让孩子学会接受他们自己，我们就必须先接受他们本来的样子，而这样的接受反过来也会教他们去接受我们本来的样子。

让自己去倾听。当别人说话的时候，尽量不要提前准备好回应，而是先去揣摩他们说的话。在你进行揣摩的时候，反思孩子的想法和感受，而不是担心如何表达你自己的（例如，你可以说，"你说你……"或是，"看起来你可能觉得……"）。这将不断地促成对话生成，你可以一次又一次地回到这个对话上来，沟通会随着你们对对方更全面的了解而加深。

**有用的提示**

如果有一个脚本可以遵循的话，对话就会变得更容易。和孩子一起尝试下面的提示来开启你们的对话吧。如果孩子给的反应很弱，那就给他点时间。

- 你感觉怎么样？
- 你没事吧？
- 你想聊聊吗？
- 你最近怎么样？
- 我现在感觉_____（情感评估）。你呢？
- 我度过了_____的一天。你呢？
- 我真的很喜欢_____（那天发生的好事）。今天发生了什么有趣的事吗？你感觉怎么样？
- 今天_____（让你感到苦恼的事情），这让我感觉_____。你有没有遇到过这样的事情？

- 我年轻的时候，我记得当我_____的时候，我觉得_____。（例如，我年轻的时候，我记得我的男朋友在毕业舞会的前一天和我提了分手。我在厕所里哭得昏天暗地，感觉整个世界都变得灰暗了。然后，我和我的朋友们说了这件事，最后，我有一个朋友提出来可以作我的舞伴，我们玩得很开心。所以，你永远都不知道事情的结果会是怎样的，结尾永远都可能有惊喜在等着你。）
- 我在这里。我想帮助你。我能抱抱你吗？我们一起做个深呼吸吧。
- 慢点说，不着急，我听着呢。
- 你想怎么办呢？我能怎么帮到你呢？

在对话结束后，使用这些后续提示来评估对话：
- 什么进行得很好？
- 什么进行得不太如意？
- 什么是正向的，什么是负向的？
- 我们可以做出什么改变？
- 你有从中学到什么吗？

# PART 2

第 2 部分

## 来对话吧
日常出现的顾虑

在第 1 部分中，我们确定了与孩子交流的必要性，并给出了一些开启对话的普遍策略。这就是我们即将开始深入日常对话的地方了。之后的五章我们将深入探讨各类对话中可能会出现的话题，并向你展示如何进行这些对话。每一章中，我们都会详述这些话题，并提供一些能帮助你进入话题的小活动。如果你觉得卡壳了，书中还有能供你使用的提示，我们还会展示一个真实场景的对话例子来帮助你解决那些棘手的问题。

本书也可以用作一个参考，也就是说，你可以直接去找你需要的那个话题的内容。例如，如果你的孩子在辨认及信任朋友上有困难，你可以直接跳到第 5 章讲友情的部分。这些提示会提供具体的问题，并为丰富而有意义的对话打下基础。

"他们可能会忘记你所说的话，但他们永远都不会忘记你带给他们的感受。"

卡尔·W. 比纳（Carl W. Buehner）

# CHAPTER 5

## 第 5 章
## 以打开心扉为基础的对话

中学的时候,我最好的朋友和我绝交了。我当时都绝望了。我并没有本能地去向我的父母求助,事实上,我觉得我没办法告诉任何一个人,因为当时我觉得我被羞辱了。她是我社交生活的全部,而当她和我绝交的时候,我甚至都不想去学校了。我一点儿都不知道该怎么应对这种情况。

那天晚上,我的妈妈和姐姐以为我已经睡了,她们也正打算上床睡觉的时候,突然发现我一个人在房间里安静地抽泣着。她们问我发生了什么,我就告诉了她们。我记得她们的回应完全是担忧的,而且是"我的天啊,还好她没有真的受伤"的那一种方式。她们知道我能跨过这个坎,而这个认知让我知道了我所面对的并不是什么世界末日——仅仅是听我分享苦痛这件事本身,她们就已经给予了我帮助。

她们还给了我一些建议:主动和我的朋友联系,问问她是否愿意和我重归于好,等等。虽然这些建议没办法帮我解决问题,但她们帮我制订了下一步的计划,而这让我重新回到了学校和班级。我主动联系了我的朋友,并试图和她和解,我现在还能回忆起向她示弱时那种可怜兮兮的感觉。但那些计划确实帮到了我。虽然我们并没有再成为最好的朋友,但我知道我尽力了,并且我还有我的妈妈和姐姐可以依靠。她们并没有所有问题的答案,而她们有的答案也并没有帮助我达成愿望,但她们给我提供了我所需要的理解和安慰,并引导我去往我该去的地方。

## 情绪和心灵

情绪和心灵是密不可分的。想一想那些我们用来形容情绪状态的话:"我的小心灵受伤了。""我的心碎了。""我的心疼。""我全心全意地希望……"我们如何应对情绪上的起伏将决定我们人生幸福和成功的水平。有些人会因为很小的困难或是失望,例如忘记一次作业,而放弃抵抗,也有人能拥有强大的韧性并能度过剧烈的情感风暴。我们都希望我们的孩子能有足够的韧性和力量去经受住生活给他们带来的任何困难。帮助你的孩子去理解他的情绪，让他学会在瞬息万变的青春期拥有找到正确道路的技能，对教育而言，这些都是至关重要的。

　　帮助孩子辨别并命名他的情绪。你们一起聊对方情绪的时候越多，你们就越能帮助到对方。模拟同理心和应对策略。当我儿子的女朋友甩了他以后，他就变得有点邋遢了。他没告诉我发生了什么，而且，事实上我是从他前女友的妈妈那里得知这件事的。我和他聊了这件事，我没有告诉他我理解他的感受（我们是不可能完全理解他人感受的），而是说了当我感到非常难过，并且没有任何解决办法的时候，我会一边看电视一边吃冰激凌。这可能不是最健康的应对策略，但这让我们一起度过了一个美好的晚上，并给了我一个和他聊聊他真正感受的机会。

　　当我们的第一个宠物，一只叫萨米（Sammy）的荷兰猪，去世了的时候，我对我儿子的反应感到十分惊讶。他以非常戏剧性的方式哀悼了她的死。当她在我怀中离开的时候，我的儿子扑倒在地上喊道，"哦，我的上帝，让我替她去死吧！她是那么美丽的一条小生命，那么富有活力。她不该现在就走的！"他经历了库伯勒－罗斯（Kübler-Ross）式的悲伤阶段，比如愤怒和否认（在第110页"处理悲痛的情绪"中有进一步的阐述）。接下来的一个月里，他的情绪起伏变化很大。如果遇到什么触动了他的东西的话，他到现在还会回想起那时的情况。

我的女儿也非常难过,但却并没有这样有点极端的反应。她的注意力集中在后续的事情上,更想确保我们会再去买一只荷兰猪来陪伴配偶刚刚过世的那只。对两个孩子而

### 处理悲痛的情绪

精神病学家伊丽莎白·库伯勒-罗斯(Elizabeth Kübler-Ross)根据她对绝症患者的研究,建立了悲伤的五个阶段。这些阶段代表了对人们如何处理他们所经历的、不同的失去,包括死亡、离婚及分手的卓越理解。在库伯勒-罗斯的研究中,她发现人们并不一定会按顺序经历所有的阶段,而是会在不同时期感受到这些情绪。下面列出了这五个阶段:

1. 否认:这个人拒绝接受失去的这个现实。
2. 愤怒:这个人对失去产生了愤怒和强烈的情绪。
3. 讨价还价:这个人会做出改变或其他牺牲以希望情况能够好转。
4. 抑郁:这个人对失去感到沮丧和悲伤。
5. 接受:这个人接受了现实并翻篇了。

言，萨米都是他们比较亲近的生命中第一个离世的那个，而他们表现出了如此不同的反应。孩子对于任何事件的情绪反应都和孩子的个性、发展阶段和情绪反应密切相关。有时，有的事件能引发强烈的情感，而我们需要跟着心走，并尽我们所能地为孩子提供他们所需要的、坚实的后盾。

## 最重要的关系

交心的对话对确认和维持关系有着举足轻重的作用。你和孩子的关系是他人生中和其他所有人关系的基础。根据依恋理论，正如心理学家约翰·鲍尔比（John Bowlby）和玛丽·安斯沃斯（Mary Ainsworth）所假设的那样，一个孩子完全地依恋一个成年人的能力在出生后一年内就开始形成了。而持续的爱、关注和关怀能够创造这种让人有安全感的联系或依恋。

根据依恋理论，不能给孩子持续关怀的家长会促成焦虑－反抗型依恋。这些家长有时会满足孩子的需求，而有时又会忽视他们。在这种环境下长大的孩子一般不会信任他们的父母，而这会导致他们在寻求关注和慰藉的时候表现得黏人而缺乏安全感。有的情况下，焦虑－反抗型依恋的孩子会避免和家长的接触，之后甚至会更倾向于不与人接触。

依恋理论学家声称这些早期关于行为和联系的模式将会

被带入成人时恋爱的关系中，它们甚至会被用作每个人在人生中所有关系的模板。因此，花时间和孩子发展和培养坚实、稳定的联系是至关重要的。他们会从和我们这段首要的关系中学会怎样去爱、去关心以及理解他人。这同样意味着他们会根据和我们的互动去习得如何去辩论、去否认甚至是伤害他人。

你与你的伴侣或其他和你一起教育孩子的、亲密的朋友和家人的关系为孩子未来和他人的关系奠定了基础。如果你正在读这本书，并因为你觉得你并没有成为一个很好的榜样而感到恐慌的话，请别担心，我们向你保证，你在看这本书的这个事实就说明了你非常在乎你的孩子，并且已经做得很好了。你是可以打破不正常关系僵局的，但这将需要你的坚持和努力。开始和孩子重建你们关系的基础吧。

友情对青少年来说是至关重要的。孩子的朋友和同龄人是他们的榜样、支持者也是最大的评论者。你的孩子每天都在试图找到平衡，在融入同龄人和从同龄人中脱颖而出两者间做出选择。他的朋友们是他能信任并且在需要的时候能向他们求助的人。比起依赖你，孩子有时可能会更依赖他的朋友，请尊重他的这个选择。即使你其实更希望他能做他自己，但孩子会渴望得到同龄人的认同。尽管如此，你的孩子其实还是需要你的，而你也是他可以求助的、安全的对象。在他渴望朋友认可的同时，他也需要你的爱、安慰和指引。记住，你是他的家长，不是朋友。

友情很重要的一个方面就在于发展与人交往的技能和对于冲突的管理。孩子的朋友能够侧面反映出你的孩子,所以在可以的情况下,请试着去了解孩子的朋友以及他们的家庭。与其担忧其他青少年对你的孩子产生影响,不如试着去理解他们并享受他们与孩子的友谊。你不必去做什么所谓"很酷"的家长,但请试着努力去了解孩子的朋友们。花些时间和他们待在一起,并让他们在你家里时感觉很舒服。

你会无条件地爱你的孩子。即使有时你不想和你的孩子待在一起,当事态严重时,你还是会陪在他身边的。但是,他不能只依赖于你的爱,他必须还要学会爱他自己。帮助你的孩子与自己建立联系是非常重要的,这意味着他需要开始了解自己到底是谁,以及这意味着什么。

孩子需要爱和照顾他们自己。一旦他们开始尊重自己,他们才能更好地理解他们的行为是如何代表自己的,以及他们的行为会如何影响他们的关系网。你可以通过告诉孩子你是怎样爱他的来教会他如何自爱。我们能给予另一个人最好的礼物,就是让他们感受到自己是被另一人所理解的。你的爱能给孩子树立一个如何爱自己的榜样。

## 亲 密

建立亲密关系是需要时间和信任的。对孩子而言,这始于你们的亲子关系,也就是在你们情绪的互换、信任和共情中开始的。你没办法控制什么时候你的孩子会开始主动和你建立联系,所以请细心地去寻找那些可能的机会,并做好抓住它们的准备。

请从在你的亲密关系中做好榜样开始。你是否有对他人表现出关爱和友善?你关心你自己的家庭成员或者朋友们吗?你是否能让孩子自由地抒发他的情感。这并不意味着他可以随意妄为,而是指你认真地倾听他的想法,并以一种尊重的方式作出回应。你是否会承认你的错误,并帮助你的孩子认清他的错误?请避免拖很久才把孩子的错误告诉他,这能帮助他认识到自己犯错是没关系的,然后从错误中学习,并继续前进,同时,你还能告诉孩子无论在什么时候,他都可以向你求助。

分享你的感受,并鼓励他也这样做,即使是那些愤怒的感受也好。试着帮孩子理解并在你不提示他的情况下自己将情绪分类。最后,以和他一起解决问题、支持他和让他知道你信任他的方式去帮助他。

亲密关系可以是友情,也可以是爱情。亲密关系在不同人和不同年龄段中是不同的,而孩子在不断长大以后会体验到和更广阔的人群形成的更深也更亲密的关系。这也有可能会拖他的后腿。例如,你不想让你的儿子谈恋爱,因为你担心他可能会无暇顾及学业和友谊。你也可能不希望你的女儿只有一个最好的朋友，因为你害怕她会没办法和一群人社交，而且如果出了什么意外的话，她可能一个朋友都没有了。虽然教会你的孩子在亲密关系上小心行事是件好事，但你并不想阻止他们去与他人建立密切的联系。与其阻止他们去建立关系，不如向孩子询问这些关系，并教会他们自己追问自己。"你信任这个人吗？""为什么？""是什么让你犹豫了？"

通常，我们会把亲密和性联系在一起。虽然性确实是一种亲密行为，但它并不是孩子能和他人亲密的唯一途径。有的家长希望孩子不要和家庭成员以外的人建立亲密关系，或是希望他们把恋爱推迟到一定年龄以后再进行。要知道每个孩子都是不同的，有的孩子能够处理一些同龄人处理不了的状况。所以，与其教你的孩子去避免亲密关系或是试着去推迟它的到来，不如和孩子聊聊怎样去和人发展亲密关系。

交往不仅意味着很多事情，它还给了孩子一个去体验不同的关系并形成自我的机会。你最了解你的孩子了，如果他似乎还没有做好这样的准备的话，和他聊聊这件事。告诉他为什么你希望他能推迟恋爱的年龄，而不是直接设定一个"不可以恋爱"的规矩。你可能可以找到一个适合你们双方的解决方法。例如，如果他还是决定和一个特定的人约会，你需要了解他的约会对象，为他的约会设定限制。也可以鼓励他带着朋友们一起约会。

约会并不就意味着性，而你也应该和孩子说明这一点。

设立期望是没关系的，但你应该让孩子在其中有一定的话语权。你没办法控制孩子的生理冲动或是浪漫倾向，所以请帮助他理解那些欲望会影响他的决定，而他是可以进行选择的。这不仅可以帮助他知道你的期望是什么，还可以让他设置他自己的期望。例如，你可能会跟他说你希望他能够信任和他亲密的人。

## 在数字时代与他人建立联系

青少年现在越来越难拥有真正的、深层次的人际关系了。在这个时代，即时消息、表情符号、社交媒体以及短视频成了与他人联系的一种方式。许多青少年和成年人甚至害怕打电话或语音留言，相比之下，一封短信或是邮件或许更易为他们所接受。比起深层次的、长久的、慢慢来的社交关系（就像美味的、健康的、家里做的饭一样），人们会有意无意地选择那些快捷而简单的社交关系（就像一顿快餐一样）。我们本能地知道，这种选择的结果会是一种臃肿、空虚而不充实的生活，但由于这种现象相对较新，我们还没有完全理解这种不健康的社交习惯的全部影响。

当我们去建立心与心的交流时，这些科学技术有时也会是有益的，但有时它们会变成在对话中使我们分心的东西，或是阻碍我们交流的障碍物。帮助孩子理解利弊的最好方法，就是去接受科技，并和他们一起踏上这段旅程。你可以和孩子在面对面交流的同时，也使用孩子喜欢的数字科技产品，这能让你了解他是怎样和同龄人交流的。同时，这还让你有机会去和孩子聊聊什么时候网上交流是有益的，而什么时候又是有害或是起反作用的。

我因此有了在科学技术出现之前从未有过的、和孩子交流的方式。我可以便利地询问孩子的状态，而他们也可以在需要的时候向我发泄。短信和线上聊天能给我们提供一个有趣的、可以开玩笑的平台，在那里我们可以享受彼此的陪伴。重要的是，要了解对方生活中的重要事件，同时不要把线上聊天作为与孩子沟通的主要形式。

## 敞开我们自己的心扉

如果你没办法敞开你的心扉且暴露你脆弱的一面，你们之间的亲密关系是不会有进展的。在《勇敢依旧》（Daring Greatly）一书中，研究者布琳·布朗（Brené Brown）表示，脆弱并不等于软弱，我们每天面对的不确定性、风险和情绪流露并不是我们可以选择的。向另一个人敞开你的心扉会暴露出你脆弱的一面，而信任某人，说出你内心最深处的想法和感受需要极大的勇气。当我们这样展现自己的时候，我们就在冒着被伤害、被毁坏的风险。但我们也明白，这种深层次的联系是我们情感中心的命脉。你不可能直接制造出信任，它是心与心联系的基础，并需要通过这些对话才能培养出来。

只有当我们冒险和别人分享一些在情感上可能给你带来伤害的事情时，你们才能创建更深层次的联系。这就是关系建立的过程。一个人伸出触角去试探另一个人，希望那个人的反应是开放、真诚和令人欣慰的。最牢固的关系是相互的，一个人敞开心扉并去信任，而另一个人去倾听和接受，然后他们互换角色。我们通常都会从琐碎的小事开始，然后逐渐进阶到那些真正让我们纠结的问题或是感受。亲密会在两人的关系到达新一阶段的信任和联系时出现，这时，两人会觉得非常合拍，两人的距离也会变得更近。这就是关系自然而然更进一步的时候。

很多关于交心的关系研究和思考都源于婚姻和家庭治疗。不论这段关系是和爱人的、孩子的还是和朋友的，建立一段健康的关系原则都是一样的。当然，你和对方在每一段关系中所扮演的角色和亲密的界限是截然不同的。这是在和孩子交流时你应该记住的。例如，当你告诉孩子什么才是一段健康关系的时候，你会想强调任何一段健康的关系都应该有很高程度的信任、联系和一致的观念。但亲密的界限和程度会随着关系的类型和对关系的兴趣而改变。

告诉孩子界限，以及什么时候可以足够信任别人并托付他们自己的隐私是至关重要的。有些孩子需要知道自己是没必要告诉所有人自己所有的信息的（也就是界限太宽松了），而其他孩子需要你劝诱他们去向别人敞开心扉（也就是界限太严苛了）。当聊起亲密关系的时候，家长可以分享他们认为的亲密关系应该是什么样的。孩子会向家长寻求有关社交关系的信息、构成和理解，而有的你觉得很显然的东西也应该被说明和探讨，因为健康的社交联系对孩子的幸福和健康是举足轻重的。

## 启 发

在交心的沟通中：
- 无论你喜欢孩子的朋友与否，请支持他们之间的友谊。
- 做一个家长，而不是孩子的朋友。
- 鼓励并做好自爱的榜样。
- 说出自己的感受，并鼓励孩子说出他的感受。
- 赞扬孩子的自我意识。
- 依赖你们的亲密关系。
- 在对话中多运用比喻和故事举例。

### 评估：你孩子到底是哪一种情绪类型？

你可以用这个评估来更好地了解孩子一般会怎样应对强烈的情绪。人们一般都不会仅仅被归为一个类型，所以孩子通常都会把情感闷在心里，但有的时候，又会把它们发泄出来，这是很正常的现象。这些类型都不是绝对的，但它们能帮助你对孩子有更深层次的理解和认知。

**提问：** 今天是周末，你打算带你的孩子去滑雪橇，但外面正在下雨，你只好取消了你们的计划。你的孩子一般会对此做出什么样的反应呢？

**发泄式：** "瞬间爆发。"他会立马变得非常失落，不明白怎样或是为什么计划发生了改变。在之后的一至两个小时里，孩子都会特别的消极。在这种情况下，请记住所有的脾气都会过去的，而这时候你也可以让孩子分散一下注意力以缓解情绪。

**发酵式：** "好吧，但是……"这样的孩子可能会主动说没关系，但之后又会问起为什么计划会发生改变。他也可能会再次问起他什么时候才能去滑雪橇，并在他得到一个解答之前一直刨根问底下去。这样的孩子会因为计划的改变而担忧,并担心它会影响到之后的整个周末。

**闷葫芦式:**"没关系。"这样的孩子可能会就这样直接翻篇了。之后,孩子可能会觉得不太高兴,但没办法认清是为什么。这样的孩子需要你的帮助去认清以及适应他情绪。

**提问:** 你的孩子从学校回来,说他在考试中犯了一个错误。接下来他一般会对此做出什么样的反应呢?

· · · · · · · · · · · · · ·

**发泄式:** 发脾气。这样的孩子可能会嘶喊、吼叫,甚至把问题归结到别人身上,例如老师或是你。让孩子发泄他的情绪,并在他冷静下来后关心他的状况。

**发酵式:** 杞人忧天。这样的孩子会一步接一步地说明错误是怎样发生的,以及它会带来什么样的影响。他会把这件事情看得很重,并需要你帮助他去认识到每个人都会犯错,即使是成人也一样。

**闷葫芦式:** 翻篇。这样的孩子会对错误置之不理,并相信"下次运气会更好的"。这样的孩子需要家长去

> 和他聊聊例如失望之类的情感,但同时请赞赏并培养孩子这样的乐观。

## 展开以交心为基础的对话的方法

● **活动1:评估孩子的情绪类型**

你的孩子是怎样处理他的情绪的?他是会把情绪发泄出来、任它发酵,还是把它闷在心里?不仅你需要知道这一点,你的孩子也应该了解自己的情绪类型。

知道你应对情况的反应倾向能帮助你理解你的行为举止。而理解孩子为什么会产生这样的情绪能帮助你更有意义地参与对话。请和你的孩子一起进行情绪类型的评估,看看孩子是什么类型,你自己又是什么类型。聊一聊你的类型在快乐、悲伤及有压力的情况下,是会怎样影响你们彼此的交流以及和其他人的交流的。

**发泄式。**喜欢发泄情绪的人是热情而外向的。他们的情绪会快速起伏,并被他人所影响。他们会分享很多快乐的时刻,也会在面临痛苦时迅速崩溃。这些孩子可以很快地从失落中恢复过来。喜欢发泄情绪的人多为男性。这些孩子需要学会正确地表达他们的情感，而家长需要赞扬他们的热情。他们需要时间和空间去发泄他们的情绪，请在他们准备好了以后再去处理问题。

**发酵式**。喜欢任情绪发酵的人是小心而谨慎的。他们会在说出来之前想很多，而这会给他们带来焦虑。虽然他们常常会选择随波逐流，但当他们担心时，他们会变得烦躁不安，并难以控制自己的担心。这些孩子需要去处理变化，而家长需要赞扬他们深思熟虑的样子。喜欢任情绪发酵的人应该学会如何放下。他们往往是焦虑的孩子，而作为家长相信他们在行动中的韧性，学习摆脱焦虑的情绪状态，并学会放任脑子里想法乱转——这样往往能够帮助到他们。

**闷葫芦式**。喜欢把情绪闷在心里的人是对人友善并能够让他人发挥特长的人。他们通常会把困难或是情绪上的想法放进一个假想的盒子里，然后把盒子高高地放在柜顶上。喜欢把情绪闷在心里的人喜欢让自己保持忙碌的状态，这样，他们就不用费心在不舒服的事情上了。他们总是显得好像所有事都在掌控之中。这些人通常多为女性。他们需要在情绪的表述上再多下点功夫，家长应该赞扬他们能够帮助周围人的、冷静的样子。

● **活动 2：深挖关系**

找一个只有你和你孩子的时候（购物、在车里或是把电视暂停的时候），然后深挖你们的关系。

利用这样的机会去了解孩子的友谊。你可以试着以"你比较信任谁呢"开始。然后看对话会怎样进行下去，并认真地倾听你的孩子。

如果孩子现在正在恋爱中，利用这个时候来检查他的情绪状态。你要知道的是他在这段关系中是否感到安全和快乐，但直来直去的提问并没有办法总能触及问题的核心。请试着以"在你的恋爱中，你最喜欢的地方是哪里"开始。随着对话的进行，你可以询问孩子"你还有没有什么觉得应该告诉我的，你和（恋爱对象的名字）的事情"。在结束对话之前，确保孩子在有关这段关系的问题上可以有人去求助，即使这个人可能不是你。如果你觉得孩子已经知道他可以向谁求助了，你也可以通过这样的表达来提醒他"别忘了，如果你有任何问题，而你又不想和我说的话，你可以给（他可以求助的人的名字）打电话的。"

● 活动3：表达情绪

有时，我们很难去明确说出自己的情绪和感受，但如果我们能试着去解释情绪的话，沟通就会变得简单多了。请花些时间去和孩子聊一聊情绪以及辨别它们的方法。下面是一个你可以开始的方法："让我们列出一些你今天感受到的情绪吧，我也会列一个我自己的表格。然后我们一起比较一下

## 实 践
### 在对话中运用比喻

比喻可以让人们产生生动的联想，并将心理治疗产生的内在功效，比如情绪、感受和成长具象化。我喜欢运用在自然中找到的比喻，因为它们十分丰富而有说服力。请试着把它们运用到和孩子的对话中去，以帮助孩子理解他内部的、心理的和情绪的世界。下面是一些我在心理治疗中常用的比喻：

**情绪彩虹。**让你的孩子想象彩虹，并把不同的情绪和不同的颜色联系起来。例如，蓝色的一天对你而言意味着什么？记住，孩子可能对颜色有着他们自己的理解。例如，蓝色对一个孩子而言可能是伤心的，对另一个孩子而言可能是兴高采烈的。之后，在你确认了不同的颜色到底对孩子而言意味着什么之后，你就可以运用它们作为一个暗号来了解孩子的一天过得怎么样了。比如说："你感觉今天是什么颜色的，为什么呢？"

**风暴。**风暴是另一个非常好的比喻。和孩子一起看一场风暴，并聊聊这样爆破性的天气和那些发泄性的情绪有哪些相像的地方——例如，闪电（愤怒），倾盆的大雨（眼泪），以及有破坏力的狂风（伤痛和失望）。最棒的一点就是，风暴是不会永久存在的，而当风暴过去以后，我们通常最后能看到一个无与伦比的日落。它是个很棒的比喻，它能告诉我们在克服了痛苦、挣扎和困难以后，我们就能收获韧性、力量及幸福。

**冲浪。**我喜欢用冲浪来解释对生活的未知性和挑战性的理解。让你的孩子想象自己在一个海浪汹涌的沙滩上，作为一个冲浪者，你不知道什么样的海浪会来，以及什么时候会来，但你会尽你所能地做好准备，试着不被浪头打翻下去。有时，你会不可避免地被打翻下来，但你要做的就是不断爬起来。这些都是成为冲浪者以及生活的冲浪者的一部分。

我们会不会用同样的词表达我们的情绪吧。"需要注意的是，你们需要具体地描述你们的情绪才能知道你们是不是在说同一种。

另一个方法就是打印出一个表情列表，然后和你的孩子一起说出这些表情所关联的感受或是情绪，记得确保你还有一个扩展的列表，然后好好享受在一起的时光吧。例如，开心可以是"跳舞摇摆起来",表现得很勇敢可以是"像狮子一样怒吼",感觉傻乎乎的可以是"笑得像只猴儿一样",依此类推。

我们希望努力去扩展感受和情绪的范围,所以请有意地多用些词语去形容,并深度探讨各个情绪的范围。

## 对话的话头和提示

下面是一些提示和对话要点,可以让你和孩子开始一段交心的对话:

● **情绪**

回忆一次你伤害了孩子,或是孩子伤害了你的时候,并聊聊这带给你们的感受。什么帮助你们处理了情绪?当时的情绪被处理掉了吗?有时回忆多年前的事情可以让你们的聊天变成一次有趣的交流。

- "告诉我你觉得受伤的一次经历吧。那时候发生了什么?你的感受如何,那样的感受持续了多久?"
- "什么样的想法、行为和举止帮助你走了出来?你是怎样感觉自己好了很多的?有哪些东西并没有让你感到好转?"

● **家庭**

问问孩子他对你们的家庭有什么想法，或是他觉得他融入得如何。聊一聊你年轻时候的故事，说说你和你的兄弟姐妹、表亲、叔叔阿姨以及其他人的关系如何。和孩子分享你组建你的家庭的原因。当时是什么样的状况？为什么你们想要孩子？当孩子出生的时候，你是什么样的感受？

- "你有什么喜欢的家庭传统吗？"
- "咱们家有什么在你以后有了家庭的时候还想继续的活动吗？"
- "我有没有和你说过有一次我_____？"
- "你知道你的祖父其实是个_____吗？"

● **友情**

帮助孩子培养友谊，并在你觉得他们的友谊是无益的时候坦诚地告诉孩子。承认孩子的感情，例如说："我知道那很难过"，并让孩子知道对朋友失望或是生气是没关系的。请确保孩子明白对朋友生气并不意味着给友谊画上句号："我们并不会总是按照我们应该的那样去说或者去做，重点是要放在解决的方式上。"

- "好朋友应该是什么样的？"

- "你觉得你能真正地信赖谁？"
- "你觉得你们成年后还会继续做朋友吗？"
- "你还在和_____玩吗，他最近怎么样？/ 为什么不再和他玩了呢？"
- "你怎么知道某人对你而言是否是有害的/有消极影响的/不健康的呢？你有没有什么身体上/精神上的预兆？你的直觉告诉了你什么？"
- "曾经有没有某人，试图劝说你做一些事，令你觉得不对或不情愿？"
- "告诉我一次你决定不和某人做朋友的经历吧。你是怎样和那个朋友绝交的？"

● 亲密关系

在聊到关于亲密的话题时，请保持耐心和冷静。请避免做出你的评价或是立刻就给出很多建议。记住，家庭成员间和朋友间的关系也可以是亲密的。

- "当你想到和一个男孩或是女孩将来谈恋爱时，你的脑海里会浮现出什么样的画面？你的感受是什么？你们会享受一起做什么事？这个人会有怎样的特质呢？"
- "你见过或是经历过什么健康的关系吗？这些关系是什么样的？它们有怎样的特质？"

- "孩子该怎样向其他人表白呢？"
- "你怎么知道你陷入爱情了呢？"
- "你见过或是经历过什么不健康的关系吗？这些关系是什么样的？你又是怎么知道它们是不健康的呢？"
- "你是怎么知道什么时候应该继续维持一段关系，而什么时候需要结束这段关系的呢？你又是怎样结束的呢？（分享一次难忘的绝交经历）"
- "交往是什么？这对你来讲意味着什么？"
- "什么样的方法能向另外一个人表达你的爱意？如果是别人向你表达的话呢？"
- "什么样的方法能向我表达你爱我？"
- "什么样的方法能向你表达我爱你？"

● **失去与悲痛**

失去是我们不怎么提及，但对我们所有人都会产生影响的东西。人们会以不同的方式进行哀悼，即使你更倾向于独自哀悼，但请做好和孩子聊一聊失去的准备。这个主题可能会以出乎你意料的方式出现，所以你最好做好你的孩子会主动向你倾诉的准备。

- "你有没有想起过（已经去世了的人的名字），你最想念他们什么？"

- 分享一次你失去了某人的经历,并说说你对此的感受是什么样的。

● 自爱

自爱不是自负。事实上,这对你与自己和他人建立良好关系起着至关重要的作用。

- "你爱自己吗,为什么?"
- "为什么有时我们会看到别人的那些好的品质,例如勇敢、诚实、能把握机会和能敞开心扉等等,却看不到自己的这些品质呢?"
- "你会对我或者一个朋友说这样的话吗?你是否认为对自己严格、挑剔或是刻薄是没什么问题的?"(请对一个对自己极度严格的孩子提出这个问题。)

● 信任

请记住信任是需要时间去建立的。这些对话能帮助你与孩子建立信任,而你也应该告诉他怎样与其他人建立信任。问问你的孩子信任哪些人,为什么呢,并继续深入相关的问题。

- "你信任谁?"
- "你不信任谁?"

- "你怎样判断是否可以信任一个人呢？"
- "你是否信任所有和你亲近的人呢？"
- "有哪些方法能让你分辨出是否可以信任另一个人呢？"

## 现实对话

你十三岁的女儿回家后，在一听到你询问她今天过得怎么样的时候就开始掉眼泪了。你本能地问她："发生了什么？"她开始说起她的朋友，然后回答道"没什么"，并把自己关到了房间里。你敲响她的门，想问问到底发生了什么，她大声地吼你，叫你走开，还说她的人生已经完蛋了："我已经没有朋友了，我最好的朋友几乎全都在排挤我了！"现在怎么办呢？

首先，如果她在房间里并要求你别进来，那就给她些私人空间。时间会治愈她，即使它没办法真正解决问题。请抑制住自己想去给她朋友或是朋友的家长打电话来了解情况的冲动，这会让你的孩子觉得你没有站在她这一方，而且有时更多的信息并不会带来帮助。在给她充分的时间和空间以后，再找个合适的时间和孩子聊聊。请找个她看起来情绪更稳定的时候再和她进行沟通。如果到了睡觉的时间了，而孩子还没有做好准备，请坚持至少和孩子道声晚安。以下是一些能够让对话开始并延续下去的好方法：

理解她的痛楚并避免试图去帮她解决问题。

- "我知道你现在很难过,要不要我陪你待一会儿?我能帮你做些什么吗?"
- "友情也是关系的一种,它们是跌宕起伏的,并且有时会超出你的掌控范围。"
- "你能掌控的只有你自己——你觉得现在什么能给你带来帮助呢?"

向孩子表达你的关心,并问问到底发生了什么,但同时,请接受孩子可能不会告诉你所有细节的这个可能。你并不需要那些细节来帮助她。

- "发生了什么事?"
- "你想和我说说这件事吗?"
- "你有没有什么想和我说的事呢?"
- "你有没有想去聊这件事的人选呢?"
- "你想不想把你的想法写下来呢?"

要理解无论是对于你的孩子,还是对于你自己而言,友情和其他关系都是处在不断变化中的。请帮助孩子一起处理冲突和解决问题,并帮助她接受并不是所有友情都能在经历冲突后破镜重圆的这个事实。

- "你对你朋友的想法有什么头绪吗？"
- "你觉得你的朋友会对这件事有什么看法呢？"
- "你觉得你能平静地和你的朋友聊这件事吗？打电话或是发短信会不会让你更舒服一点呢？"

给孩子一些时间去做出反应。并且，如果她并不希望和你说这件事也没什么关系。让她知道你会在她需要你的时候给予她帮助，并且如果她不想说的话，她是可以这样做的。

- "不论你和你的朋友之间发生了什么，我都会永远爱你的。"
- "如果你想找我排忧解难的话，我会一直在的。"
- "当你做好准备时，说出来会好受很多。如果你并不想向我倾诉的话，我希望你能和另一个人说说这件事。"

你可以分散一下她的注意力，这并不能让所有糟心事一下子变好，但这能告诉孩子生活还会继续，这没什么大不了的。分散注意力的方式可以是简单地一起散步，也可以是更多样的，例如带她去美餐一顿，看场电影，或是干些什么她喜欢的事。

- "来和我们一起吃饭吧,即使你可能现在一点儿也不饿,就算是和我们一起坐坐也好。"
- "我们一起出去吃点什么东西吧——你想去哪里呢,你有什么想去的地方吗?"

在之后的几天、几周,甚至是几个月里,请保持"正常"地和孩子进行相处,别过于关注孩子友情这件事,除非她自己提起来。偶尔回到这个对话上来,这样能告诉你的孩子你知道这件事对她的重要性,并且,这能让她知道,如果她想的话,她可以随时来向你倾诉。而且,这还能帮助孩子把生活的重心从这上面转移开,继续前行。

"舒适圈通常是由不适扩展而来的。"

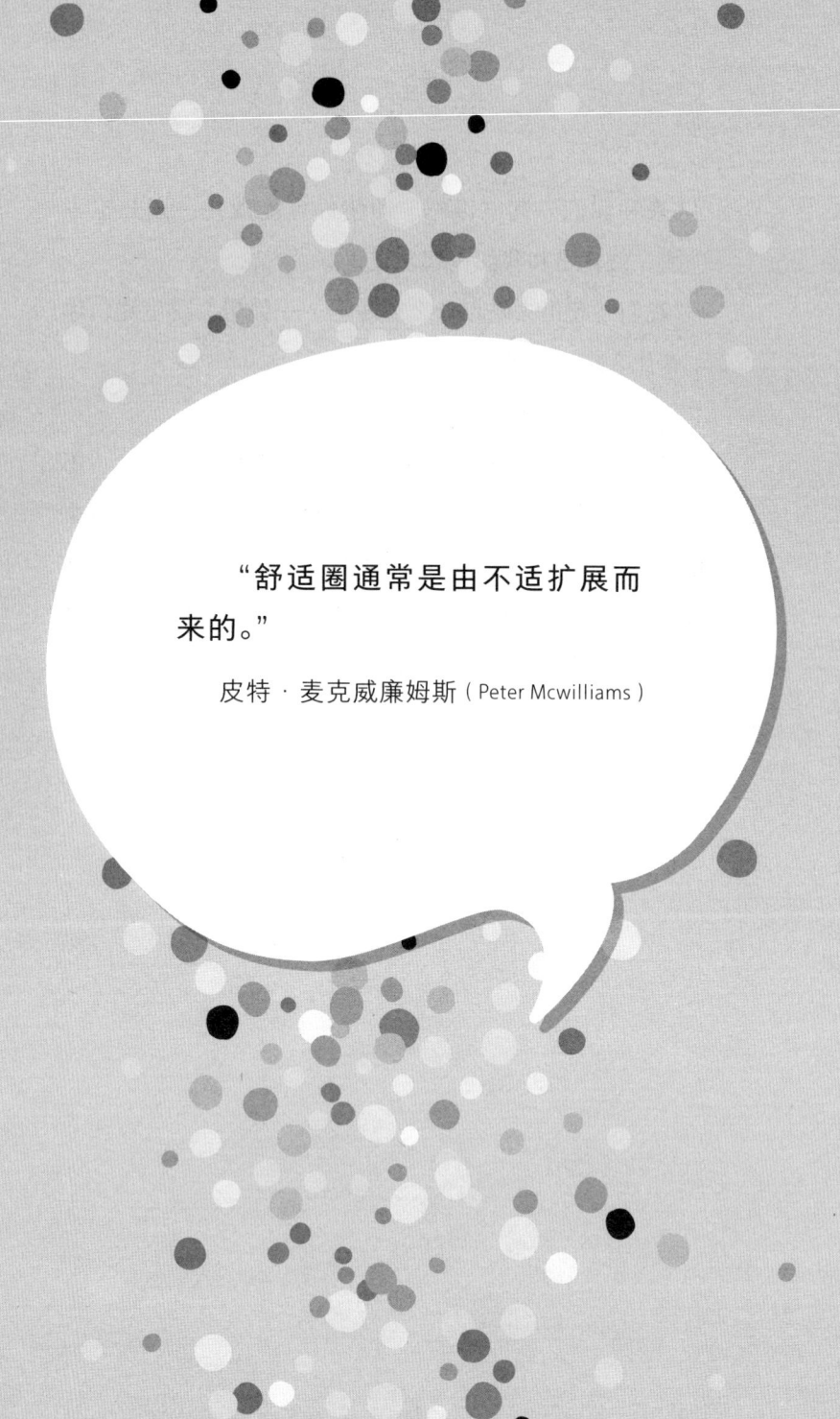

皮特·麦克威廉姆斯(Peter Mcwilliams)

# CHAPTER 6

## 第 6 章
## 引导敏感对话

当我告诉我的朋友玛丽我要写一本关于和孩子沟通的书的时候,她的表情亮了起来,跟我说:"我有个故事要告诉你!"她和我说了她活泼的二女儿艾姆的事。她在很多方面都优秀极了。在艾姆四年级的时候,玛丽突然被叫到了校长办公室。

艾姆从来没犯过什么大错,所以我的朋友完全不知道可能发生了什么。校长让她到学校来取一本艾姆和一个朋友在坐公交时写的书。很显然,小朋友们被另一个感觉被忽视了的同学打了小报告。玛丽希望让校长直接把书给孩子带回家就好了,但校长拒绝了她的请求。当她走进校长办公室的时候,所有人都看起来一副严肃且担忧极了的样子。校职工紧接着向她解释说她可爱的、四年级的女儿在写一本有关性的书,里面包含了详尽的故事和描写。玛丽自己都不知道她的女儿能画得这么好。

虽然校职工们被吓得目瞪口呆,玛丽却觉得这很有意思:"唔,也许有一天她会在《花花公子》(*Playboy*)杂志找一份工作。"校职工们看起来并不觉得她的笑话好笑,但艾姆的妈妈并不觉得压抑孩子的精神和创造性有什么好处。那本书开启了有关性和性行为,以及在不同层面上以合适的方式表达自我的对话。玛丽把书保存了起来,她很高兴能有这样一个机会,和孩子聊聊她以为孩子还没准备好的话题。这个例子强调了为什么我们应该尽早开始,且应该经常和孩子谈论性,因为孩子很早就已经了解这些信息了。

## 认识到自己的舒适圈并离开它

就像我们的孩子不愿想象他们的家长做爱一样,我们也不希望把孩子看作会有性行为的人。仅仅是承认你在谈论有关性或是其他令人尴尬的话题的时候感到的不适就可以帮助对话推进。让孩子知道虽然你感觉并不舒服,但你依旧希望进行这次对话是很好的。孩子需要知道他可以来向你问这些问题——而如果他不想向你倾诉的话,他应该找一个他可以聊这些问题的人（翻看第 3 章以了解更多找一个孩子能向其倾诉的人的内容）。虽然这会踏出你的舒适圈，但持续这样的对话可以让孩子知道他不应该在遇到不舒服的情境时就选择逃避。

我们总是让孩子在一天以内多次踏出他们的舒适圈。有的时候是在咖啡馆里找一个舒服的地方坐下；有的时候是上演讲课，他们在那里被逼着去练习公共演讲，或是即席回答问题。这些课程根据学校的安排会频繁到每四十五分钟就要改变地点、情况及其内容。我们还会要求他们去做好准备，并积极应对即将到来的任何挑战。他们还需要平衡他们的社交生活、学业、课外活动，再加上他们的家庭责任、睡觉时间，以及理想情况下，一些休息的时间。如果我们希望他们如此频繁地离开他们的舒适圈，那么我们也应该做好这样离开自己舒适圈的准备，而这通常包括和孩子聊那些有挑战性的话题。

我们都喜欢一直保持舒适、惬意和稳定。作为人类，我们总是会倾向于避免不适和痛苦；这些事是不稳定的，并且我们会在受伤时想尽办法去解决痛苦。有时痛苦会使我们焦虑、抑郁甚至受到创伤。我们寻求舒适和避免不适的动机在心理学上是历史悠久的。但作为一个心理学家，我也深知成长、坚韧以及力量都是源自那些令人讨厌和棘手的不适的，并且真正的幸福就存在于挣扎的另一边。

### 适应不适

思考一下什么是成长。对于植物、动物和人类而言，成长的代价是非常明显的。成长是痛苦而尴尬的。这种身体上的成长过程也可以被放在精神和情感的成长上。在我的临床工作中，我推荐我的顾客们去"放松他们的精神肌肉"，并去挑战他们自己，去尝试那些在他们舒适圈外的东西。例如，这可以是邀请朋友去一起喝个咖啡聊聊天，每天早上给自己一个积极的肯定，练习深呼吸冥想，或者是想象自己达成目标的样子。

人们可能会被一些应对这个世界的固有模式和习惯所困住，这些所谓的习惯并不利于正向成长，而新的、健康的习惯可以让人感觉有所不同。我会提醒我的顾客打破一个旧习惯需要六周的时间，而坚持不懈就是其中的关键。感觉不适就意味着你在成长。就像我的瑜伽老师说的那样："莲花是最深受福佑的花，但它们只能生长在黑暗而浑浊的水中。"

其实对于进行不舒适的对话没什么技巧可言——你要做的就是硬着头皮去做就是了。如果很难去进行的对

> 话变得难以忍受了的话，考虑去休息一下，只要确保你们会回到需要去进行的对话上就好。

## 控制电子产品

电气时代带来的一个巨大的好处就是我们能够接触到关于所有话题的大量信息，但同时这些大量的信息也可能变成一个麻烦。作为家长，教会孩子如何运用电子产品，并批判性地看待他们所得到的信息是我们的职责。这包括合理安排使用电子产品的时间，和其中的质量——什么是值得你花费时间的，而什么又是浪费时间的呢？什么是你能相信是真实的，而什么又是需要被质疑的呢？像你和孩子聊现实生活中的事情一样，和孩子聊聊在网上的生活如何。

当你们在进行让人不舒服的对话的时候；在你发现有些例子很难在现实生活中找到；或是需要你分享过多自己的故事的时候；你可以利用网上的例子来表达你的观点。你可以用电影中、新闻中和电视剧中的例子来表述你的观点。你也可以去通过指出别人做的错误的决定，或是不幸的处境来举例子，这样，你就可以从一直依赖于自己过去的经历，或是指出孩子让你失望的地方中解脱出来了。请问问孩子在这些处境中的观点——他通常会说出让你惊喜的、你从没想到过的看法。

在我们希望孩子知道如何进行对话并保持眼神交流的同时，我们也可以利用我们对于电子产品的依赖来进行不舒适的对话。虽然你需要在某种程度上与孩子保持现实生活中的联系，但通过电子备忘录的方式提醒或是关心孩子也是没问题的。这可能是因为在没有眼神交流的时候更容易做到，或是你只是单纯地没有机会在你需要这么做的时候去这么做而已。例如，如果你的孩子在一场派对里，你可以给他发条鼓励性的短信来提醒他别去碰酒精和性爱；或者，如果你觉得他会选择去做那些事的话，给他发条短信来提醒他如何保证自己的安全（永远不要酒驾；记得采取避孕措施）。

色情影片是一个和青少年相关的媒体领域。不论是意外发生还是刻意而为之，你的孩子都有可能会在某一时刻接触到色情暴露的内容。你要认识到他们可能会看到不现实的、令人不安的性爱画面，而这可能会给性发展打下不正常的基础。

近期的研究表明色情影片的消费带来许多情绪上的、心理和生理上的负面影响。它们包括与日俱增的抑郁和焦虑、宣泄、暴力行为、低龄性行为、滥交、较高概率的青少年怀孕，以及一种不正常的关系观。性爱是一种强烈的、想要与其他人建立更深层次联系的冲动，而如果孩子经常看色情影片的话，他就有可能会学到不合适和不健康的建立联系的方式。请试着把孩子的注意点转移到其他更具社交性的活动上去，但也请积极地去寻求专业的帮助。

## 接近转变

作为人类，我们都是群居动物。如果我们能预测未来的话，生活会变得简单、舒适多了。改变会让我们措手不及，并难以去成为那个其他人希望我们成为的样子。在转变发生的时候——换学校，搬家，经受病痛或是失去，或是面临分居和离婚——我们必须去应对我们自身的不适，并帮助孩子适应这样的改变。请坦率地面对你的孩子，并正面承认改变的发生。去想一想能够让转变尽可能舒适的方法。例如，如果你们要搬家了，或是孩子被迫需要突然换学校，请尽可能地多找些有关新学校的消息，并和孩子一起去看看新学校。即使你感觉你的行为有些别扭，你也可以逼着自己去加入新社区的团体里，这样当你们到了的时候，你就可以和孩子一起去做些什么了。

在转变发生的时候，我们的情绪可能会控制我们，而我们也可能会怀疑自己。孩子在应对周围的不确定性时可能会感到失落和疑惑，而这可能会让他们看起来不太愿意交流，情绪化，伤心，生气或是目中无人。当生活中发生重大变化，而孩子正经历情绪上的不稳定的时候，家长需要尽可能地去保持平稳和冷静。有时，因为变化太多了，家长能做的就仅仅是去承认这样的混乱并在孩子身边支持他们。在这个时候，家长自己能够获得支持和引导也是非常重要的。

**诚实而坦率地回答**

当孩子有疑问的时候，有逻辑地做出你能做出的解答。如果你很着急的话，你可以把这个对话推到别的合适的时间，但不要因为你觉得回答这个问题会让你出糗而忽视这个话题。

当我们要去做超声波的时候，当时三岁的女儿问我："孩子是怎么进到肚子里的呀？"我为自己能成为一个愿意分享任何事情的母亲而感到骄傲，并且我非常高兴能和她进行这样的交流。但躺在一张医院的病床上，并且在一名医师和我父母在场的情况下并不是进行这个对话的理想状态。所以一开始的时候我尴尬地笑了笑并避开了她的眼神。但我的女儿打算打破砂锅问到底——好样的！我告诉她这是个很好的问题，并且我会在回家之后就回答她。当我们真正进行这个对话的时候，我希望她知道是我，而不是她，把这个问题变得奇怪了，所以我告诉她虽然我们当然可以聊这个话题，但在私下进行这样的对话会让我感觉更舒服。

## 推动晚餐交流

我们当时和一个朋友出去一起吃晚餐,并聊起了高中的派对和能够做爱的概率。我十四岁的女儿插了进来问道:"女性能勃起吗?"我完全被打了个措手不及。我的第一反应是不会,转念一想,被刺激的阴蒂算是勃起吗,有没有一个描述它的专有名词?

我意识到即使我精通于儿童教育,但我完全没有准备过这个问题的答案。我红了脸并试图去回答她我所知道的、关于女性身体性刺激的知识。解决这个问题的时间和地点都不是最合适的,而且我十岁儿子以及友人在场的情况显然更加尴尬。但是,如果只有我们两个人的话,我的女儿可能永远都不会问出这样的问题。所以我尽我所能地回答了她的问题,并提醒自己去查一查更多的专业知识。

最后,我找了个合适的时间和地点去和我的女儿聊了有关在性爱中女性身体反应的事情。我们的地点更私密,对话却也更尴尬了,因为我们没有像在餐厅时那样的互动了。但这让我把我希望在餐厅时能说的、剩下的

> 内容说了出来，而这让她知道了这个话题重要到能让我重新再提起来。

无论你感觉自己多么尴尬，请让孩子知道你的不适不是因为她，并且，即使你确实感觉不舒服，她和你进行这样的对话也是完全没问题的。这能告诉孩子即使担心你会因此感到不适，或是觉得不太自在的时候也可以向你倾诉。

所以当壮阳药广告开始播放，或是你们看到新闻上在说的名人不太合适的举动时，别单纯地希望孩子会左耳朵进右耳朵出。请停下来并聊一聊，做出反应，如果情况允许的话大笑和哭泣都是可以的。和孩子进行交流，一定要让他们知道这是值得你花费时间和精力的。

当你不知道的时候，承认你不知道。你不可能知道所有的事情，所以为什么要装作知道呢？去寻找解答，并教会孩子如何去寻找——或许你们可以一起去找到答案。这个寻找答案的过程能让你的孩子看到你是如何过滤、审查信息的，以及你是如何确定信息的来源是否可信的。如果你意识到你的解释还不够全面，你完全可以重新提起这个对话并继续解释。

## 克服不适话题对话的方法

● **活动 1：电影之夜**

找个时间和孩子一起看一个节目或是一部电影。努力去找一些你舒适圈外的东西；这可以是你不经常看的类型，可以是有成人画面的，或是比你所适应的更暴力一点的。无论你选择它的原因是什么，请确保你选择的是你不经常看的那一种——或者至少它是你不会与孩子一起看的那一种。如果你有足够的勇气，你可以让孩子作决定。请在观看的时候停下来和孩子聊聊人物的言行举止。如果你们看到了做爱的场景的话，请向孩子说明性爱在荧屏上看起来是这样的，但不应该期待在现实中也是那样的。

### 启 发

在进行不适的对话的时候：
- 承认不适。
- 踏出你的舒适圈。
- 做到诚实和坦率。
- 理解并尊重孩子的意愿。

● **活动 2：进行沟通**

　　你是孩子的第一个老师，而这意味着你也是孩子的第一个性教育老师。如果你还没有开始的话，现在就和孩子聊一聊基本的性知识吧。研究表明性教育与延迟发生性爱，以及当孩子真的接触到性爱时产生更加健康的性行为正相关。所以，即使你会因此而感到不适，请现在就开始并推进相关的对话吧。如果你不帮助孩子去了解这个话题的话，他们就很有可能从其他地方了解到相关的信息，而这些信息有可能是令人不安的、带有误导性的，或是错得离谱的。孩子知道得越多，他们就越能保护好自己。

　　在孩子还小的时候就开始和他们讲适合他们年龄的、有关身体和爱情的东西，这样当他们长大了，并且更急切需要知道这些知识的时候，你们之间的对话就会更加自然了。经常回到这个话题上来，这样你们就可以不断练习提出和回答相关的问题了。

　　说明身体变化、性、性行为的基础，这样孩子就能理解你在说什么了。不要忸怩作态，绕着弯子说话。这是你能进行教育，并分享个人观念的机会。让孩子知道你有某些自己的观点，而他将来也会有他自己的观点，即使它们可能会不太一样。要让他知道，不论是在他现在的感情中还是其他一段感情中，曾经做过爱，并不意味着他需要被迫继续下去。即使你们已经开始了，在过程中停下来也是完全可以的。不要害怕说话直接，并鼓励孩子习惯说话直接点。

这是一些你可能会想在对话中提到的点：

- 性爱可以是一种健康而有趣的、表达亲密的方式。前提是双方都是成熟的，情绪上做好准备的，并能相互之间诚实地说明他们对于性爱的选择以及懂得如何保护自己。
- 在孩子不知道具体细节的时候，他们可能会对性爱感到疑惑。请细述其中的具体细节，明确什么是性爱以及它的运作方式。你是没办法把这份工作交给电影或是孩子的同龄人的。请告诉孩子你自己的观点，以及你对孩子的期望。
- 在性关系中，同意是尤为重要的。即使你的孩子对此不是很舒适，和孩子聊一聊同意看起来和听起来是什么样的，以及如何提出这个话题。好就意味着好，如果你的伴侣没有热情地说好，那你就没有得到对方的同意。
- 安全第一。告诉孩子那些能保护他们安全、避免性传播疾病以及避孕的方法。不论你更倾向于避孕措施还是禁欲，请帮助他们做好准备去理解并有担当地行动。
- 谈恋爱是正常的，重要的是要让孩子明白，期待与发生性行为的对象谈恋爱也是正常的。孩子们总是对发生性行为感到有压力，并且有时甚至在没有感情基础的情况下就开始了性行为。这个压力来源于他们对浪漫的渴望,但也同样来自那些可能有也可能没有发生过性行为的同龄人。当然,社交媒体对他们也有一定的影响。

- 口交并不是一个安全的、代替性交的方法。虽然它不会导致怀孕,但它会涉及亲密性的问题,并且它也有自己的危险性。
- 自慰是一个自然且安全的探索身体的方式,它能让你更加了解自己。

● **活动 3:玩"你有我没有"**

记不记得一个以前的喝酒游戏,你有我没有?试着和你的孩子玩一个有趣的版本。以分享一个你觉得孩子不会知道的、关于你的事情开始:我从来没……过。如果孩子经历过这个,那他就可以拿走一块糖、一块钱,或是一些别的什么小奖励(永远不能是酒),重点就是要他和你分享他的经历。你不需要把所有事都说出来,但要知道,你分享的越多,你的孩子就越有可能去敲开他的心扉。孩子喜欢听那些你富有人性化的故事。

以下是一些很好的"我从来没"语句的开头——你能自己想到的话当然更好:

> ### 实 践
> **多大才能做爱？**
>
> 英国青少年开始有性行为的平均年龄是十七。虽然你可能觉得你的孩子会等到他"足够大"（无论这对你来说意味着什么），你应该意识到平均年龄意味着也有孩子在更小的时候就经历了性爱。孩子等待的时间越长，他们就越成熟，也就会越擅长处理性关系给他们带来的情绪起伏。请一定要让孩子知道，无论发生了什么，他们也并不一定会有一个不幸的人生。你的孩子依旧是你的孩子，而你也依旧爱着他们。

我从来没挂过科。

我从来没主动邀请过别人去约会。

我从来没有暗恋过任何人。

我从来没干过让自己感到羞愧的事情。

我从来没有开车超速过。

我从来没向老师/朋友/家长撒过谎。

## 对话的话头和提示

下面是一些提示和对话要点,可以让你和孩子开始一段关于敏感问题的对话:

● **多元化**

支持多元化是举足轻重的,因为这样,孩子就能知道他可以成为他自己本身的样子,并学会去尊重他人和接受他们本身。

- "多元化对你来说意味着什么?"
- "你觉得如果你不是少数群体中的一员的话,你还能理解多元化吗?"
- "你听过种族歧视的言论或看到过什么歧视的例子吗?你当时是什么反应?你希望你能做些什么不同的事情吗?"
- "'支持多元化'意味着什么?应该怎么做去支持多元化呢?"
- "你觉得你自己是什么样的?"
- "是什么让你与众不同呢?"
- "如果让你选出三个形容词来形容你自己,你会选择什么呢?"(然后分享三个你会用来形容孩子的形容词)

- "如果让你选出三个形容词来形容我,你会选择什么呢?"(然后分享三个你会用来形容你自己的形容词)
- "有哪些让人感觉奇怪的好事?"
- "如果有人让你感到厌烦,你怎么知道这是他们性格的原因还是他们行为举止的原因,还是两者都有?"
- "你有没有过开始不喜欢某人,但在逐渐了解那个人之后又喜欢上了的经历?是什么让你改变了想法?"

● 离婚/分居

理想状态下,在你和孩子聊离婚或是分居的话题之前,你能有机会先和你的配偶商量并设定一些预期。请明确、直接且开放地回答所有问题。

- "你爸爸和我打算离婚/分开一段时间。"(告诉孩子一个明确的理由,之后可能会处于什么状态,以及你目前做好的计划。)
- 如果孩子还小,请向孩子清楚地解释什么是离婚/分开一段时间。告诉孩子离婚/分开的理由是什么。这会帮助孩子理解你们的离婚/分开。
- "你有什么想问的吗?"

● **恐惧**

分享什么会让你感到害怕，并问问孩子害怕什么。

- "你有没有曾因为害怕而放弃去尝试某些东西？"如果有的话，继续问，"你有没有因此而感到后悔呢？"
- "你认为带着希望生活和带着恐惧生活意味着什么呢？"

● **性别和性别认知**

和你的孩子聊聊什么是男性化或女性化。如果你说某人"太娘娘腔了"，这意味着什么呢？如果你说某人"有男子气概"，这又意味着什么呢？这两者哪个更强大呢？在这个标准里，你会如何定义你自己呢？研究表明，一个兼具女性和男性特质的人是最能适应环境的人。

- "你有没有感觉过你不是其他人所认为的那个人？"

● **性和性别**

除了性别的机制之外，和孩子聊一聊性爱和性关系意味着什么。请承认性是作为人类的一部分，并确保直接地回答任何问题。

- "你有没有想过要做爱？"

- "你有没有什么朋友做过爱呢？"
- "你做过爱吗？它和你想象中的一样吗？你觉得它和你的男／女朋友想象中的一样吗？"

如果你的孩子回答说他做过爱，你可以说："那我们来说一下（或者让我们来回顾一下）安全性爱意味着什么。安全性爱意味着你会尽你可能地保证你身体上和心理上的安全。"请具体说明避孕措施和避免性传播疾病的方法。

- "你能告诉我你有没有做过爱，并且做爱对你来说意味着什么吗？"
- "如果你感到害怕，或是发生了什么事需要帮助的话，一定要告诉我（例如怀孕，你和你的伴侣有分歧，性传播疾病的感染，或是情绪上的起伏）。"
- "你怎么确定某人想要做爱呢？"
- "你不需要勉强去做爱，即使你们之前已经做过了。即使你以前对同一个人或是另一个人表达了同意，在当下也是完全可以拒绝的。"
- "同意应该是什么样的？"请反复强调只有发自真心的好才意味着好。提醒你的孩子：如果你的伴侣没有热情地说好，那你就没有得到对方的同意。

## 实际对话

你和你的配偶处在分居的状态并打算离婚,而你六岁的儿子把这怪在爸爸的身上,因为他是先搬出去的那个,你十三岁的女儿不知道应该如何应对这个情况,并对此情绪起伏严重。

和你的配偶与孩子坐下来谈谈,无论这个家庭是什么样的,承认你们正在以家庭为单位经历着这个转变。请明确所有的事实:你们正在离婚,而这个决定是由两个成人对他们的情感共同做出的。这并不会对你们和孩子的关系产生任何影响。

在这个转变过程中没有什么是容易的,你们之间的互动可能会变得不稳定——孩子正在处理这些新的信息,而这可能是你会花更多时间来思考的事情。孩子可能会非常生气、伤心或沮丧。想想孩子都看到或是听到了什么,而这些情况在他们看来可能是怎样的。你和你的配偶曾经会充满爱意并温柔地对待彼此吗?你们之间有过疏远或争吵吗?你们和孩子之间的互动是否在一段时间以前就变得不一样了吗?孩子已经知道了什么,或是从蛛丝马迹当中注意到了什么?在合理的范围内,请尽可能诚实地分享有助于他们理解全景的信息。例如,如果你们已经尝试过咨询,并且对这一决定一直犹豫不决,请告诉孩子这些过程,这样你的孩子就会明白你已经在拼尽全力去寻求帮助并解决问题了。

- "这对所有人来说都很难受，我们曾经尝试着去解决问题，但我们都失败了。我们决定离婚是因为（此处插入离婚的合适理由）。"

告诉孩子你们之后的计划来帮助他们做准备。如果你们清楚未来计划的话，转变就会变得不那么让人害怕了。请记得要在你们的讨论中提到之后的住宿安排。

- "这意味着你们不会搬出去，而爸爸和我会轮流在这里陪你们的。我们正在到处看其他价位合适的房子。"

让你的孩子知道他们在你心里永远是第一顺位，并且你会尽你所能去照顾他们的。无论发生了什么，你们都是一家人。

- "你会经历很多情绪。你可能会生气。我也感到生气（或者以前感觉过生气）。我们需要学会如何控制我们的感情。虽然你可能在生我们的气，但你要知道我们很爱你，并且你可以在任何事上寻求我们的帮助。让我们想想如果你想和别人聊聊这件事的话，你可以去找谁。"

给孩子问任何问题的时间并询问让他们感到害怕的地方。通常来讲，孩子最大的恐惧就是被抛弃。请反复告诉孩子你们会一直是他们的家长，并且他们永远都会是你的家人。告诉孩子哪些会和之前保持一致，例如学校、住址、宠物、朋友以及延展出来的家庭。孩子所在乎的东西变化越少，转变对他们就越容易。

请向孩子重新确认你们的计划。

- "我们已经制订了一个计划，周一周二你会和我在一起，周三周四你会和你妈妈在一起。每隔一个周末，你会和我待在一起，另一个周末，你就会和你妈妈在一起。"

还有，和孩子聊一聊课余的时间和活动。孩子日常的生活和活动对他们而言非常重要，它们能给予孩子在这个阶段一定的安定感。请努力让孩子保持在你们离婚前就有的日常生活。

- "放学之后，你就和平常一样乘公共汽车回家找保姆。如果那天是我陪你的话，我会在 6:30 的时候到家。如果那天是你妈妈陪你的话，她会去接你的。你会和往常一样，去打曲棍球，打篮球，以及去参加你一直在参与的所有活动。当然，你也依旧可以邀请你的朋友过来玩。这些东西都不会改变的。"

当家长们分开的时候，孩子总会觉得这是他们的原因，而澄清这个问题是至关重要的。即使某个人更应该为这场离婚负责，也请最好不要告诉孩子其中的真相。这是他们并不需要知道的事情。

- "这场离婚不应该怪罪任何一个人。我们试着去解决问题，但我们失败了。你是我们婚姻中最棒的一部分，而我们也会一直因为你而联系在一起的。"

说出你们的感受。去承认当父母离婚时，有时感到悲伤、担心或愤怒是正常的。事实上，你可能会想告诉孩子，即使你有的时候可能会过度情绪化，但这并不是因为他们的缘故——这是因为你在适应新的生活，而这对所有人而言都是困难的。当孩子说出那些不好的情绪的时候，请认真地倾听他们，与他们共情，并给予他们反馈。虽然我们可能没办法解决孩子的问题或是消除他们的负面情绪，但我们可以陪在他们身边。当孩子被温暖和关心包围时，这些情绪最终都会消失的。

- "有的时候，我会感觉非常困惑和担忧，但我知道这种感觉并不会永远持续下去的，而且和别人倾诉我的感受就会让我感到好些。请记住，你妈妈和我一直都会很乐意去帮助你的——我们可以谈谈，或者一起做任何能帮到你的事。有时候，一个拥抱就是最好的缓解情绪的良方。还有，请记住，如果我看起来是一副心烦意乱或是伤心的样子的话，那并不是因为你的缘故。我们都会慢慢变好，并学会以这种新的方式生活的。我会一直一直，永远爱你的。"

这场对话并不会停留在这里，你应该至少每周和孩子联系一次，去看看他们是否想谈谈这场离婚，或是因此而产生的情绪。

"风雨过后,才能见彩虹。"

保罗·柯尔贺(Paulo Coehlo)

# CHAPTER 7

## 第 7 章
## 勇敢面对和危险相关的对话

　　高三的一个早上,在我准备去学校时候,我的母亲接到了一通来自我姐姐的电话。当我母亲拿起电话,突然停了下来的时候,我能感觉到周遭的空气都凝固了。我清楚地记得在她挂掉和我姐姐的电话后打的那通电话。她告诉公司她需要请一天假,因为她的女儿遭遇了一场"机动车事故"。她说的是"机动车",而不是车祸。她说话的时候慢吞吞的,一副深思熟虑的样子,我想,也许她是在尽可能地让自己平静下来。当我们到达事故现场的时候,我才意识到我姐姐当时有多危险。汽车被压得像一张大大的银色薄纸。警官指着一根落在离汽车几英寸远的带电电线说,如果它碰到了车，我姐姐就死定了！我因此没有马上跑去考我的驾照。事实上，我在生日过后等了几个月才去考的。我的姐姐很幸运。而我也有幸看到了这一切，并意识到了真正开车的危险。

遗憾的是，只有在经历了惨痛的事件以后，我们才能认识到孩子日常生活中面对的那些危险。但如果我们和孩子建立了密切的关系，并且经常交流彼此的生活的话，他就更有可能去做些更明智的决定。同时，他也更有可能在他做了一个错误的决定以后反思他自己。

由于许多人的努力，当今孩子在道路安全的许多方面都比以前改善良多。总的来说，在全国范围内，我们有全新的汽车安全功能，优化的驾驶员教育，以及更严格的驾驶规定，这些都会让我们的孩子在道路上更加安全。但最终，安全还是取决于孩子是如何开车的。对于饮酒、吸毒和其他危险行为的决定也是如此。

研究表明，亲子关系和睦的家庭里，孩子更不易去做出危险的行为，并且，他们会在有问题或是疑虑的时候更倾向于去向他们的家长寻求帮助。所以，虽然沟通感觉很困难，但它们是有意义的。你的孩子可能会对这些事情依旧有些犹豫（事实上，在某种程度上，你希望他是这样的）。因为当他受挫时，如果你们曾经持续多年沟通关于危险的话题，他就会更倾向于去向你寻求意见。并且，在他长大以后，他也还会把你的话铭记于心的，而你也将成为在他做风险性决策时的影响因素。

当开启关于危险问题的对话时，请先抽象地去形容这个话题，并和孩子分享你的经历，然后再向孩子提问。最重要的是去倾听。去寻找孩子可能正在经历的困难的蛛丝马迹。这些线索可能是不同的，但基本上会包括行为的变化、饮食习惯的变化、日常活动的变化、生理症状（红眼、体重骤减或激增），以及友情的变化。行为的变化包括成绩下滑或是减少某个活动的参与频率，睡眠习惯的变化，兴趣爱好的变化包括，出现拒绝社交、绝望、自残行为，或是过度神神秘秘的现象。青少年正经历着方方面面的变化，并且这都是正常的，但有些行为可能会让你产生疑虑——如果你发现了任何不对劲的地方，请相信你的直觉。

## 克制冲动和做出决策

人类的大脑在二十几岁之后才能发育完全。对你的孩子说这些话可能会让他觉得你很烦人或者很傲慢。但是，请确保向孩子解释他的发展是完全适合他的年纪的。知道这个可以让孩子感到更轻松，因为认识到犯错很正常，可以帮助他们在尝试新东西时把过分小心抛在脑后。

良好的决策是需要学习的，而试验和犯错是最好的学习方式。作为家长，我们的任务就是要给孩子提供试验和犯错的机会。想象如果你在驾照考试的课堂上，作为驾驶员你要

## 重视所面临的危机

你应该重视所有扬言会去伤害别人的威胁——不论它是来自你的孩子还是其他人。暴力行为很少是突发奇想而来的。这背后几乎总是有着一个故事，而这些潜藏的动机对理解危机或情况的发展至关重要。一般来讲，这些背后的故事包括被排斥的感觉、羞辱，以及未解决的冲突。孩子会试图用他认为唯一可行的方式——暴力——来为自己争口气。这是个单纯的解读，但它并不能为暴力的行为辩解。

如果你很担心孩子的行为举止，和孩子谈谈，可以的话，请一位学校的老师或是一位心理咨询师一起，这样你就能多一个人帮助你一起分析情况了。如果孩子的行为没有被理解，而且也没有可以代替的解决方法出现的话，孩子带有暴力倾向的行为很有可能会持续下去。那些曾威胁过人的孩子可以通过练习形成健康的应对方式，而和同龄人或是权威人士形成良好的关系亦可以帮助到孩子。

另外，关于避免孩子受到危险的问题，请确保和孩子聊一聊其他孩子表现出的有问题的行为举止。如果他

> 看到或是听到他的同龄人在威胁别人，他可以告诉你，或是其他有权威的人。（同时，你也可以翻阅第 9 章对话话头里关于"欺凌与被欺凌"的内容。）

做的第一个决定所面对的情况就是在一个下着暴雨的高速路上，你的前面是一辆卡车，而你后面紧跟着另一辆车。你的孩子需要在危险的情境中成长，并在做出正确决定时得到赞赏，做出错误决定时得到帮助。

所以，与其说"你不许去派对"不如试着慢慢来。如果你的孩子想去一个派对，打个电话去问问派对上家长会不会在家，家里会不会有酒。然后告诉孩子你为什么要打那通电话，以及如果在孩子到达以后，事情和你预期的不一样的话，孩子有哪些选择。和孩子提前模拟各种各样的场景，然后在派对结束后问问孩子派对怎么样。有没有什么会让你担心的地方呢？他做了什么样的选择呢？重点是要为他的成功去做准备，而不是把成功作为唯一的答案。

请帮助孩子认识到习得克制冲动的能力是需要一个过程的。与其说"你缺乏控制冲动的能力"，不如换成"现在你的任务就是去尝试新的东西，并练习克制冲动，你不可能一

## 实 践
### 在危机中的孩子

在危机中的孩子一般不会表现出任何症状。青少年的家长总是会担心吸毒和自杀的问题。请相信你的直觉，并留意正在发生的一切。虽然孩子最好避免接触这些东西，但许多青少年都会蠢蠢欲动。去寻找那些蛛丝马迹，如果你很担心的话，就去和孩子谈谈吧。

疾病控制中心声称，青少年自杀的风险正在逐年增加，这是由于抑郁程度的增加、压力的增大、大量社交媒体的使用，以及孤独感的加剧。在 2007 年至 2015 年中，青少年男孩的自杀率提高了 31%，而女孩子的自杀率甚至是它的 2 倍。如果你的孩子总是提起自杀，并做出了要去自杀的样子，请重视孩子的行为，并去寻求专业的精神健康帮助。

**处在危机中的青少年的信号：药物滥用**

你的孩子是否

· 比之前更高频率地和朋友出去玩？

· 关于跟哪些朋友以及做了什么事对你保密？

- 翘掉了学校的活动、体育运动，或是其他活动？
- 有成绩下滑的现象？
- 一直在睡觉？
- 感觉很难集中注意力？
- 变得更加容易情绪化了？
- 出现了偏执、焦虑、抑郁或是暴怒的现象？
- 在和不一样的朋友玩？

**危机中的青少年的危险信号：自残或是自杀**

你的孩子是否

- 经常陷入抑郁或是你可能会把它形容成无尽的愁苦呢？
- 比起平常睡得特别多或是特别少？
- 在应对一件非常有压力的事情（亲近的人的离世、分手、霸凌、友情的变化、学业的失利）？
- 正在尝试吸毒或是喝酒？
- 正在改变外观？
- 只穿长袖（掩盖住他的身体）？
- 翘掉了学术或是体育活动？
- 正在把自己的东西都送人了？

> - 对死亡感到着迷？
> - 没有什么动力？

下子就熟练，这是非常正常的"之类的话。请用你自身的例子来说明控制冲动的能力的不同阶段。和他坦率地进行沟通能让他知道，他的行为会带来什么后果，而有些行为会让他失去你的信任。请先让孩子自己思考以帮助他进行决策（详情见第 179 页"对话的话头和提示"），并在决定惩罚时给孩子一定的话语权。

**犯错的好处**

犯错不仅是人性的一部分，它也是学习的一部分。这是我们从自身的经验中学习到的，所以，即使避免孩子经历失败是那么有诱惑性，我们也应该让他们自己去经历失望。失败并不有趣，但它是学习中的重要一环，同时，它对孩子的成长和发展也是至关重要的。如果你期望孩子会一直做正确的决定的话，他最后一定会让你失望，也让他自己失望的。他可能会感到伤心至极，因为没有人是能一直保持完美的，而且，这样他将永远都没办法学会如何在错误中进步。研究表明，挫折使人进步——而只有那些没办法让人从中学习到新东西的错误才是不好的错误。

你的孩子注定会在危险的事情中犯错，而你只能期望那些都会是小错。如果你抓到了孩子在做什么危险的事情，请一定要给他解释的机会。请记住，你的愤怒和失望会暗示孩子这个情况的重要性，以及他会为他的行为付出代价。但除此之外，请保持一个愿意推动事态正向发展的态度去和孩子谈谈，帮助他看清大局——让他明白他能如何去从这次经历中进步。也就是说，如果你就只是越来越生气并和孩子冷战的话，你就无法给孩子提供一个从中学习的机会。并且，虽然你希望孩子的错误是小范围的，但并不要去推断因为你有一个"好孩子"，他就不会去犯大错。好人也是会犯错和做坏事的。

## 避免批判

我们忍不住地想去批判，这是我们的天性。但我们得制止自己去批判别人。因为当我们在批判孩子，或是更糟糕的情况——批评他的朋友的时候，你在暗示孩子你的不满。虽然你可能会认为这是件好事，因为你确实不满，但从本质上来说，表露你的看法，你的批判会让他在未来拒绝向你吐露

> **启 发**
>
> 在进行和危险相关的对话的时候:
> · 尊重和年纪相符的成长。
> · 从犯错中学习。
> · 减少批判。
> · 放弃完全控制孩子。
> · 尊重独立性。
> · 把孩子看作是善良的"好孩子",但也不要对危险的信号放松警惕。

心声。如果孩子意识到你在批评他,即使是一个温和的、反对的眼神也会让他停止说话。

考虑使用开放式的问题,如果你不知道怎么去回应的话,那就只倾听好了。如果中间出现了一个令人尴尬的停顿,就说:"我在听呢——这听起来有趣极了。"在孩子说完后,请你帮助他处理他说的话。去问问孩子他自己的想法,而不是一味地强加你的看法给孩子。询问孩子他自己的想法能帮助他完整地形成一个想法,并开始去发展他自己的观念系统和道德观念。你在这上面越支持孩子,你的孩子就越有根据自己的判断和价值观来做出独立决定的能力。

## 开启关于危险问题的对话的方法

● 活动 1:理解冒险和情绪类型

正如我们在第 5 章中所看到的那样,青少年有三种基本情绪类型——发泄式、发酵式和闷葫芦式——知道你的孩子属于哪一种类型将有助于你更好地理解他会冒险的方式。如果你还没有完成确定孩子情绪类型的活动,请现在就去完成,以便你能在此基础上进行之后的内容(参见第 120 页)。

**发泄式**。这种类型的孩子更易于去冒险。如果你的孩子是这个类型的话,他会更有可能去冒险和做危险的行动。这个类型的孩子很容易就变得兴奋起来,忘乎所以,然后没办法去考虑行为的后果。他们通常对任何事都不怎么感到害怕,而这很有可能会让他们陷入麻烦。他们会寻求别人的认可和关注,并且很有可能会通过冒险的方式来获得它们。

请协助这些孩子建立自我意识,并帮助他们去理解那些冲动的欲望及其对于决策带来的影响。

- "记不记得你小时候天不怕地不怕的样子?你觉得你现在也还是一样的吗,在哪方面呢?当你喝酒、吸毒、开车或是做爱的时候，你觉得你能处理好那些情况吗？你会不会觉得别人在做一些看起来很有趣的事情时，例如喝酒，你会很难拒绝他们的邀请吗？"

鼓励发泄型的孩子在行动前思考可能会出现的状况。你可以帮助孩子想出一个计划以帮助他顺利脱困。

在孩子参与进一个危险的情况以前，先和他制订一个计划。例如，"假如你在一个派对上，大家都喝醉了，包括会载你回家的那个人。你该怎么办呢？"请帮助孩子去思考解决办法：

- "给我发一个'X'怎么样，然后我就会给你打电话说家里发生了什么急事，我会去那里接你。"

**发酵式**。这种情绪类型的孩子总体上更易于焦虑，而这也会在危险行为中体现出来。这些孩子可能会过度思考，并坚持相信会有消极的结果发生。而这会导致焦虑和"分析麻痹"，也就是说孩子会被自己的想法压得喘不过气来，并因此无法行动。有时，家长需要鼓励他们多去参加一些社交活动。尽管发酵式的孩子可能会觉得多思考是件好事，但有时他们需要学会如何去放手。他们需要学会去找到之前正向的经历，并把从中学到的东西运用到新的情况里。作为家长，你需要注意到孩子由于焦虑而想要去买醉的倾向。

## 发送"X"

"X计划"是一个良好的解决方案，它能帮助那些想要摆脱让自己感到不舒服或是危险情况的孩子。孩子可以给父母发短信"X"，然后父母就会打电话给孩子，说家里有急事，父母会去接孩子。为了让X计划发挥作用，家长们应该积极地奖励发"X"短信的行为，因为这是一种健康的应对策略，而孩子也可以用它来摆脱潜在的危险情况。

请给你的孩子分析一下参加派对的好处和坏处。

"去派对的话会有哪些好玩的地方呢？"

"有哪些你喜欢的人会在那个派对里呢？"

"如果不去的话，你会错过什么呢？"

"关于这个派对，有什么让你感到害怕的东西吗？你有什么担心吗？"

通过制订一个对可能出现的、糟糕的事的计划来解决这个问题。

> **安全朋友**
>
> 安全朋友是那些可以和孩子相互支持的派对伙伴。他们互相有对方父母的电话号码，以免他们的朋友需要家长来接他们，或是陷入了什么危险的时候需要联系一个成年人。你们应该在去派对、演唱会或是其他活动之前讨论好这些安排。

- "让我们想一个如果你觉得不舒服或是有人做了什么不太合适的事情的时候，你该怎么做的计划吧。"

请帮助孩子从过去正向的经历中建立自信。

- "你是否曾经有过类似的行为，然后事情发展得很顺利？你是否曾经有过对一个活动感觉很担忧，但你最后还是去了，然后玩得很开心的经历？"

强调吸毒和焦虑的联系。

- "你要记住,虽然通过喝酒能够缓解焦虑,但这种短期的解决办法是可能会让你上瘾并充满危险性的,而你可能最终会做出你以前不会做的事情。当你在派对上感觉焦虑的时候,你觉得该怎么办呢?让我们一起来解决这些问题吧。"

**闷葫芦式**。这种情绪类型的孩子也会更易于参与那些危险的事情。闷葫芦式的孩子喜欢参与社交活动和出去玩。他们希望所有人都能玩得开心,所以他们会加入所有的活动当中,不论它们是好是坏。他们的焦虑主要来源于一种别人会不喜欢他们的压力,而他们很可能会被劝去做某件"所有人都在这么做"的事。

因为这种渴望被喜欢的感受,这些孩子需要在得到进行危险行为的机会之前获得大量的相关知识以及准备。同样,他们也需要建立他们的自我以及和群体分离开的观念。

请帮助孩子想象一下他希望这个派对会如何进行。

- "我知道你想在派对里玩得开心,并且你是个有趣的人。我也希望你能玩得开心,但我也希望你是安全的。你怎样能在保持安全的情况下玩得开心呢?你能做什么保证你的安全呢?例如,有一个定好了的司机,告诉家长一个'负责安全的朋友'",有一个家长来送你,叫网约车，或是在你需要逃离那里的时候给我们发一个'X'。"

**着重强调安全。**

- "如果你喝太多的话，你会怎么处理这个情况呢？我们一起来想个具体的计划吧。"

**聊一聊自我和观念。**

- "有时，当我们在一个群体里的时候，我们很容易就会忘记我们是谁以及我们想要做什么。仅仅因为其他孩子在喝酒或是做爱，并不意味着你就应该去做这些事。你是由你自己掌控的，并且永远可以对那些你觉得不对的事情说不。如果事情看起来不太对劲的话，在你参与极度危险的事情之前，请冷静一下，去认真想一想这件事。你要记住你本来的样子。"

● **活动 2：找到孩子天生的兴趣**

请帮助你的孩子找到他天生的兴趣。这可能是课外活动，和朋友出去玩、烘焙、阅读——任何活动。远离危险最好的方法就是保持忙碌并参与其他的活动。这并不意味着你的孩子就要把时间安排得满满当当的，或是在他十六岁的时候就找到他真正的热情所在。但孩子有他们喜欢和期待的东西是非常重要的。他们的兴趣爱好可以帮助他们理解什么意味着投入，并帮助他们做出健康的选择。理想状况下，他们会参与那些能给他们带来鼓励和具有挑战性以及成就感的活动。

● **活动 3：有什么新闻吗？**

找一篇让你害怕的新闻或节目（例如，关于青少年驾驶事故或是自杀的），然后发送给孩子去阅读或观看，并询问他的想法。这将让他去了解到除了家庭和学校之外的世界，这也会让他知道你一直在挂念着他。如果孩子提出了这个话题，很好，如果没有的话，那就找个时间和孩子聊一聊。问问他的想法，并表达你的担忧。然后利用下面对话的话头和提示来深入这个话题吧。

## 对话的话头和提示

下面是一些提示和对话要点，可以让你和孩子开始一段关于危险问题的对话：

● **酒精和毒品**

在你开始谈论酒精和毒品之前，请确认孩子的性格是什么样的（参见第120页）。根据这个，你们的对话方式可能会有很大的不同，但是，其中传达的信息还是一样的。戒除酒精是最简单、最安全的选择，但并不是所有孩子都能拒绝每一次去接触那些东西的机会。我们需要在设立我们的期望时现实一点，并认识到——就像性一样——青少年会受到很多次去尝试酒精和毒品的、各种形式的诱惑。

请记住做决策是很难的，而一直做出正确的决策是需要一个过程的。如果你只是单纯地禁止孩子去做这些事，那你就并没有应对他面对诱惑时想说"是"的预案。告诉孩子你的担忧，以及吸食毒品和饮用酒精会带来的那些危害。不要害怕去分享你自己的经历——你的坦诚并不会鼓励你的孩子去尝试。

- "你有没有喝过酒或是尝试过任何毒品呢？"（请试着把它一直作为一个严肃的问题，并深入探讨这个问题而不是评判和给予孩子惩罚。）
- "我很担心你。"
- "你觉得在关于喝酒和吸毒的问题上，什么会让我最担心呢？"
- "你参加过聚会或者别的什么喝酒的场合吗？"
- "你的朋友们喝酒吗？你觉得喝酒好吗？是什么让你觉得这会让你兴奋，或是让你感到有趣？"

● **攻击和骚扰**

明确攻击和骚扰的定义——它们其实都是滥用权力的行为。它们可能是关于性的，但并不是所有的攻击和骚扰都是这种的，它们在不同的情况下看起来也可能会是不同的。老师或医生可能会滥用权力，而亲密的家庭朋友、亲戚、敬爱的教练，或是老板（即使是一份暑期工作或实习）也可能如此。媒体上有很多关于攻击和骚扰的例子，你可以用它们来开启你们的对话。请利用交流来获取孩子的想法，并帮助他们针对这些不同的例子形成自己的想法和观点。比较案例，并解决孩子对此提出的问题，如果你有的话，请分享给孩子生活中你自己的例子。

- "你有没有注意过一个朋友受到了老师或教练不同的对待？是更偏爱？还是刻意地冷落那个他呢？你觉得这看起合理吗？"
- "有没有人在性方面让你感到不舒服过？有没有人说过或做过什么让你感到受伤或者是害怕的事吗？他们做了什么？"
- "你对此有什么反应？你当时想做什么？如果你能回到过去的话，你认为你的反应应该是什么样的？你觉得你应该告诉别人这件事吗？"
- "你有没有看到过什么看起来不太公平的情况？你认为

公平对待和不公平对待的区别在哪里？"
- "你是否曾经在某种情况下感觉受到了欺负，并因为太难堪了而没办法对此说什么？"
- "你认为在这种情况下，人们为什么会害怕或不好意思说出自己的想法呢？"
- "如果你看见有人受到了骚扰的话，你会怎么做？"

● **自残行为**

青少年有时会割伤自己来作为一种应对压力和情感痛苦的方法。自残释放了内心的痛苦，而身体会通过分泌自然麻醉剂来帮助处理疼痛，并在身体中产生一种缓解的错觉。渴望从内在的痛苦中得到解脱，并具象化疼痛的想法是青少年付诸这种行为的主要原因。付诸自残的孩子需要找到更健康的处理压力的方法，比如与值得信赖的成年人或朋友聊一聊，获得支持（治疗），去锻炼，写日记等等，并通过这些更健康的活动重新集中他们的思想。如果你认为孩子可能有这方面的倾向的话，请直接向他们提出来。

- "我看到了你胳膊上的印记（或其他你注意到的身体上的线索）。发生了什么事吗？"
- 说出你所知道的。"宝贝，我看到你在割自己的胳膊了。"
- 主动去接触孩子。"我们能聊一聊这个吗？我想知道到底发生了什么？"
- 反复向孩子保证。"我只是想去理解和帮助你。你可以告诉我任何事情。我会永远陪在你身边的。"

## ● 驾驶

开车是青春期成长的一个重要过程，也是我们在孩子的大脑完全发育之前就赋予他们的一个带有危险性的责任。像任何技能一样，它是需要熟能生巧的。亲自教孩子开车的好处之一就是，他是和你待在一起的，这样当他学习时，你就对任何情况有一定的控制了。当然，一个天然不利的条件就是，青少年是年轻而无所畏惧的。

希望你觉得自己已经做好了准备，并且在教学中也得到了充分的支持（也许你已经为孩子报名了一个驾驶学习班）。除了教会孩子道路规则以及基本的驾驶和操控技巧外，请告诉孩子你对驾驶及他的安全上的顾虑。

虽然酒驾对孩子而言是一个可能性比较高的危险，但这并不意味着它就是你唯一需要担心和为他做准备的危险。发短信，其他乘客带来的分神，以及缺觉都是所有驾驶员，尤其是青少年，所面临的真实且日益增长的担忧。请向孩子强调你的担心和紧张是因为情况的严重性，而不是因为你对他缺乏信任。记住，拿到驾照并不意味着孩子就已经做好了独自开车去任何地方的准备，也绝不意味着他已经做好在任何情况下开车的准备了。就连你也会因为一小块黑冰失误,不是吗?请跟你的孩子说清楚,拿到驾照只是准备好开车的步骤之一。

- "开车前你需要至少7个小时的睡眠,我们怎样才能让你达到这个标准呢?当你睡眠不足的时候,你能有什么其他代替的选项呢?"
- "车内设备的要求/限制,例如全球定位系统(GPS),是什么?"
- "法律允许你开车时乘载哪些乘客呢?当你开车的时候,你认为谁在车里是比较合适的?"
- "让我们一起演练一下如何拒绝搭乘一辆车吧。"
- "我们有什么让你往返于不同地方的其他选择吗,这样我就不用担心你会酒后驾车,或者在你喝醉后上别人的车了?"
- "如果你喝酒后需要去某个地方,你有什么办法吗?"
- "如果你不想打电话给我的话,你可以打给谁呢?"
- "如果逼你在宵禁前回家会让你陷入险境的话,我宁愿让你找个安全的地方待着。我宁可你让我失望,也不愿让你处于危险之中。"

● 小的不良嗜好

并不是所有的危险行为在第一眼看到的时候都是一个大

问题，但这些小的不良行为也应该得到同等的关注。

　　近期的研究表明，人们对移动设备上瘾的问题正在与日俱增。请关注孩子使用电子产品的情况(很有可能是过度使用)，并把你的担忧告诉孩子。你们可以设定专门的家庭时光，以及与朋友出去的时间，在这些时间段里，他需要把任何电子产品都收起来。把吃饭当成面对面交流的时间是个很好的选择，所以请试着在家庭聚餐时把手机收起来吧。

- "我希望我们能留出一些不看手机的相处时间——你觉得一天中什么时候比较合适呢？"
- "哪一天我们可以抛下电子产品，只有我们一起去玩呢？"你们可以先从设定几个小时开始，然后逐渐增加；这是需要循序渐进的。

　　实验证明，抽电子烟会导致吸烟和成瘾。而这是一种全新的、正在被大力向年轻人推销的时尚，并且这些设备是非常易得的。

- "学校里的其他孩子会抽电子烟吗？"
- "你觉得那怎么样？"
- "你觉得是什么让它看起来很酷？"
- "你抽过电子烟吗？你觉得你会去抽吗？"

● **自杀**

很多人担心和孩子聊自杀的话题会启发他们去开始考虑这件事。但其实并不是这样的。和孩子以一种坦率而严肃的方式聊自杀对孩子是非常有帮助的。并且如果你担心孩子正在考虑自杀的话,请立即去寻求帮助。你可以向相关的全国性组织,或是由他们介绍的本地组织寻求帮助。你还可以翻阅第9章对话话头里关于"情绪上的健康与焦虑"的内容(参见第246页)。

- "你有没有体会过你觉得可能永远都不会消失的'内心'的痛苦?你认不认识任何想要去伤害他们自己的人呢?"
- "你是怎样处理痛苦的?那恐惧呢?"
- "你觉得你还有别的什么选择吗?你需要我帮助你去想一想吗?"

请帮助孩子找一个适合的成年人去倾诉,并着重强调如果他一旦产生了想要伤害自己想法的话,就立刻去和别人聊一聊。

- "在聊这些事的时候,你感觉怎么样?在谈论起自杀的时候感到不适是完全正常的,但你要知道我会永远陪在你身边的,你可以告诉我任何感受。我们之后也可以继续谈谈。"

这是个能让对话进行下去的很好的开头。请别停在这里,一定要继续关心孩子关于这个话题的想法,这样,你就能让孩子放心地与你讨论并探索各种各样的情绪了。

## 实际对话

你发现你十六岁的儿子眼里含泪紧盯着他的手机。他告诉你他在社交媒体上发现一个和他上同一所高中的学生自杀了。他的朋友们在社交媒体上发着"愿他安息",并分享着关于这场事故的故事和传言。你看了眼儿子的手机,并意识到这个故事正在疯传。你该怎么处理这件事呢?

你要做的第一件事就是向学校或是信任的朋友去求证这个事件的真实性。在这个故事里,这是真的——一名与性别认同作斗争的高中生结束了自己的生命。第二,请鼓励孩子放下手机,把注意力转到其他地方来去了解和处理这个令人不安的事件。记住,在这个危机中存在着一个学习的机会。而作为父母,这给了我们一个教会孩子如何去处理敏感的情感问题机会。

和孩子聊一聊。最重要的是尽快消除掉谣言和传闻。把所有的电子产品都收起来,坐得近一点,进行眼神交流——这将是一场艰难的对话。记住,你也是可以哭、可以难过的。在面对如此令人悲伤的情况下,会有这样的反应是正常的。此外,请利用你的"直觉"来和孩子进行沟通——对于有的孩子而言,可能分几天来进行这段艰难的对话效果会比较好;而对于有的孩子而言,可能你坐下来一口气说完的效果会更好。记住,谈话的目的是去帮助孩子处理这些信息,并在他非常伤心和担心会伤害自己,或是他有一个朋友非常伤心和正在说想要伤害自己时,想出一个应对方法来。

一个常见的误解是认为谈论自杀会启发孩子选择自杀,而这是完全不正确的。你越用健康的方式来聊这个问题,你的孩子就越能学会处理自己的感受,并会在有问题时找你或其他值得信赖的大人去解决问题。

请以共情和同情的态度开始对话。

- "当你听到令人不安的事情时,感到伤心和苦恼是很正常的。得知有人如此的痛苦以至于伤害了自己是让人感到非常难过的。"
- "我知道这很难明白,也很难理解。即使是作为成年人,我们也不是很能理解为什么有人会这样做。让我们一起来谈谈我们的忧虑,并制订一个计划来应对吧。如果你听到朋友想要伤害自己,或者你感到非常难过时打算怎么办呢？"

如果你是在应对一个特定的事件，那么就从个案的一些基本事实开始。你可能并没有在话题转变之前说完你要说的，并且你可能没办法预料到对话的方向什么时候会发生转变。孩子可能会对事实很感兴趣，并开始思考他自己的问题，或者可能会把这件事和其他朋友或家人联系起来。

- "我刚刚得知镇上有个男孩在昨晚自杀了——他自己结束了自己的生命！我并不认识他，所以我也不知道原因是什么，但知道有人会感到那么的悲伤和孤独让我感到非常心痛。要是我能帮帮他该多好。"
- "会有很多谣言出现，也会有很多人希望把这件事变得非常狗血，我们不应该参与进去。如果你听到或是看到任何令人难过的或是看起来不对的消息，请一定要和我倾诉。有些孩子可能会发些让人难过的东西，但你需要认识到这些东西可能大部分都不是真的，而这些孩子这么做只是为了寻求别人的关注。"

然后，你们就可以开始讨论了：

- "到现在为止，你对这个事故了解多少？"

- "对于这个事故，你感觉怎么样？"
- "对于这个事故，你有什么担心的吗？"

记住，有些人在听到自杀的时候会感到麻木，这是种正常的反应。接下来，和孩子聊一聊应对的方法。当人们意识到他们有能力做一些好事去帮助别人或自己时，他们可能会感觉好一点。

- "有没有朋友跟你说过他要伤害他自己？"
- "你是怎么应对的呢？"
- "那样做是正确的吗？"
- "你还能做些什么呢？"

请反复向孩子强调，想要伤害自己的想法是一件非常严重的事情。有时，孩子会处在极度痛苦的状态，他们需要及时的帮助。当孩子听到其他孩子在说要伤害自己的时候，他们需要把这件事告诉一个值得信任的大人，例如，老师、指导员、校长或是父母。通过给予他需要的帮助，他们可能就会拯救那个孩子的生命。即使他可能不太确定那是不是一个真正的危机或是问题，孩子都可以随时来向你倾诉。宁可事先谨慎有余，也不要事后追悔莫及。

然后，请把讨论转移到孩子身上。下面是一些你可以提

出的问题:

- "你有没有过伤心或是抑郁的感觉?"
- "你有没有想过要伤害自己?"
- "在那个时候,你的身体是什么感觉?"
- "当时你的脑子里有什么想法?"
- "你有那种觉得可能永远都不会消失的忧虑或伤心吗?"
- "什么会让你感觉好受些呢?"
- "有什么别的东西可以帮助你消除痛苦吗?"

情感上的痛苦是非常难以启齿的,事实上,你能问出这些问题,并尝试开启一场关于自杀的对话,就已经是非常厉害的了。作为父母,我们可能没办法每次都能从孩子那里得到很多的回应。你能做的、最重要的事是让你的孩子知道,你愿意讨论任何类型的情绪,包括痛苦、抑郁以及极度的悲伤。

请不断地跟孩子声明任何情感上的痛苦都是暂时的,但自杀会是永久的。就像骨折一样,情感上的疼痛可能需要治疗来痊愈,但是,只要照顾得当,痊愈是完全可能的。通过谈论那些让我们受伤的事情,我们就与孩子和社区建立了更牢固、更健康的联系。

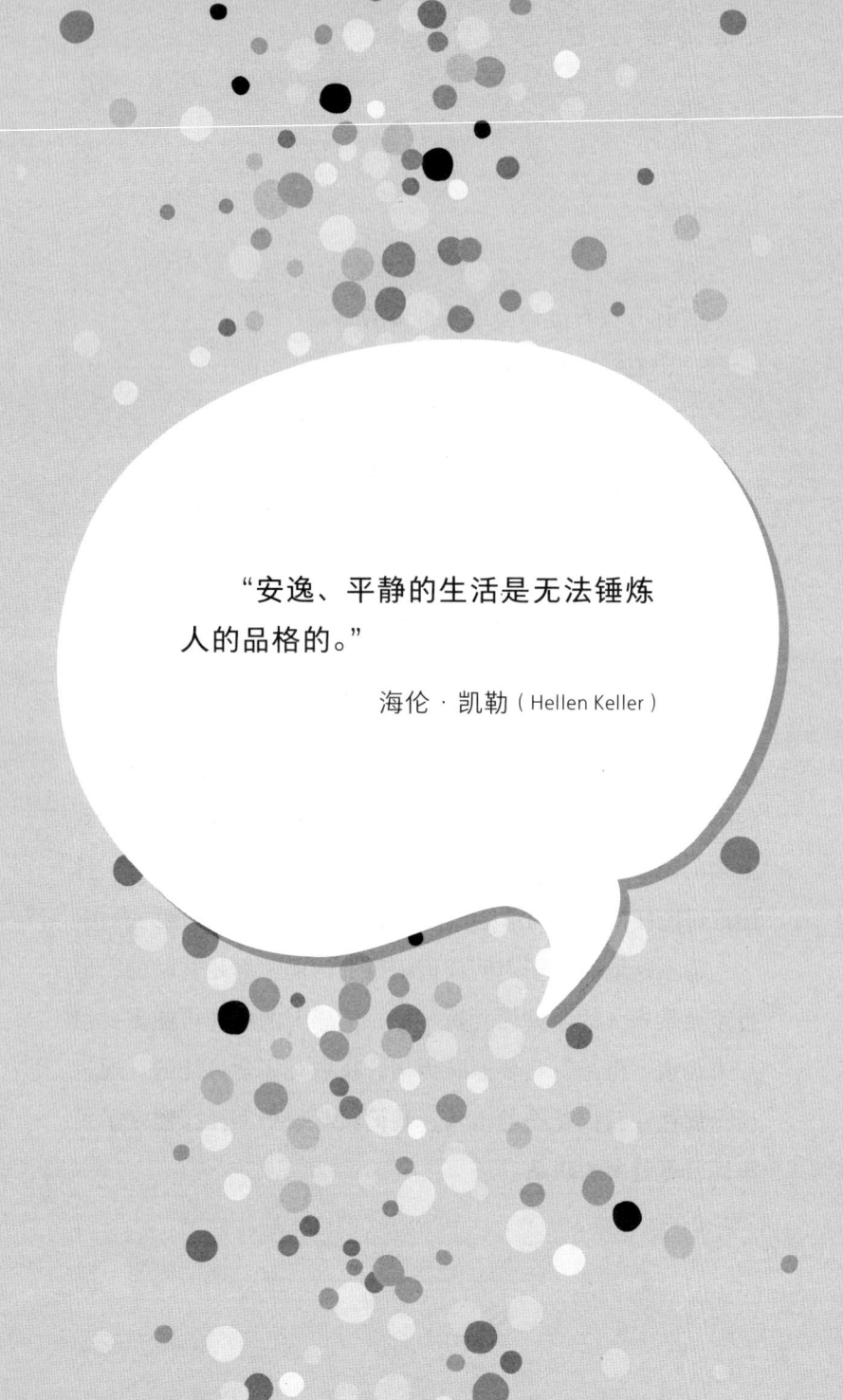

"安逸、平静的生活是无法锤炼人的品格的。"

海伦·凯勒（Hellen Keller）

# CHAPTER 8

第 8 章
## 培养品质的交流

一个下着雪的十二月晚上,在我匆忙地赶在最后一刻为假期准备礼物、开车送孩子们去参加各种各样的课外活动、准备晚餐的时候,我在街上走错了路。我把车开进停车场,准备掉头。我看到前面有一辆车,于是就停了下来,紧接着,我就听到了刺耳的喇叭声,车后传来了碰撞感。好嘛,这么忙了还让我碰上一场车祸。我把车停在路边,下车准备和司机交换信息。但他不仅拒绝摇下车窗,还绕过我的车快速驶到了停车场的另一边。我有些不知所措了。我本可以离开的,但我不确定他是已经不打算管这件事并真的去停车了,还是他打算停下车再谈,所以我把车停到了他旁边,并决定再试一次。

他不肯下车，而我就站在雪地里，问他想不想聊聊。最后，他摇下车窗对我大吼大叫，并指责我倒车撞了他的车。我保持了冷静，问他是否想检查一下车的情况——尽管车身并没有明显的损坏——最终，我们互换了保险信息。我伸出手和他握手，并祝他节日快乐。这时，他抬起头，感谢我的平静。他继续，为自己的行为道了歉，我们友好地道了别。第二天我们互相联系并确认了没有出现什么重大的损失。

故事的结尾是温馨的，但在整个过程中，我的情绪却经历了激烈的起伏。我在晚饭时和我的家人们分享了这个故事，而在整个意外中，最让我感到惊讶的是那个男人能够认识到他的错误，承认错误，并试图弥补它。即使这个人在最开始做错了些事，不论是拒绝和我沟通还是之后的发脾气（这是我们双方都有问题的地方），但在最后，他表现出了他良好的品质。

品质是孩子做出的决定和行动的集合，我们的工作就是帮助他们在没有我们的情况下（当我们不盯着他们的时候），也能最终做出理智的决定。如果你当前抚养孩子的目标是让他们做好独自生活的准备的话，那么你可以在他们还小的时候为他们做决定；在他们开始形成自己的判断能力时，和他们一起做决定；然后在他们能够自己做决定的时候，就仅仅是给予建议。这样支架式的决策教学是良好而富有成效的。

我们不能把期望设置得高于孩子展现出来的能力,他们需要知道我们呵护和爱的是他们本身。虽然我们希望他们能够成为"好人",但我们也必须接受不完美的存在,要让孩子知道,好人有时也会犯错。换句话说,你可以很好、很善良、很有爱心,但你仍然可能会有愤怒、沮丧和嫉妒的感觉。这是人类与生俱来的,而我们也不应该因为孩子有或表达出这样的感受而感到羞耻。

## 决 策

拥有良好的品质并不意味着就能永远做出正确的决定,但它不仅意味着我们会为自己的决定负责,还代表着我们将如何运用语言和行动与他人进行沟通。在和孩子进行沟通的时候,你可以反复向他们表达你的爱、希冀和期望,以及你对他们真正的样子的理解和共情。孩子将会通过你的鼓励和管教来形成他们自己的意志。你可以通过沟通来帮助他们在性格发展的过程中更好地了解自己。请举出例子,用自己的经历来教导孩子,好的坏的都可以。

行动胜于语言——这个古老的格言非常值得我们铭记于心,因为它适用于我们所有人。我们可能会说自己相信什么,但当困难出现时,我们会坚守我们的信仰、道德和观念吗?请举出你的行动和信念相符及不符的时候的例子,并帮助孩子找到其中的不同。想要培养孩子拥有良好的品质，并不是让孩子坚持不懈地以高尚和光荣的方式做事，而是要尽一切努力去做正确的事，并在犯错时从中学习。培养孩子良好品质的机会可以很简单，比如当你在商店里店员给你多找了零钱时主动提醒他；这也可以很复杂，比如处理孩子在学校欺负其他孩子的后果。

## 道德和观念

当孩子还小的时候，他们会在很多方面模仿我们，而这包括学习我们的道德和观念。在他们接触更广阔的世界和结交家庭成员以外的朋友后，他们会形成自己的原则，但这通常是建立于你的原则之上的。和孩子分享你的观念，并支持他们的想法。请跟孩子聊聊当你坚持你所相信的事情，或者是当你觉得你应该这么做但却因为种种原因而最终放弃的那些时候。即使他选择了去支持你不支持的事情，也请鼓励孩子坚定自己的想法。

当孩子进入青春期（或是青春期之前），他们可能会推翻一些你一直坚持的观念。你可能会因此感到伤心，但请记住，这种抵制是他们该做的，并且这是件好事——他们最终必须发展并形成他们自己的原则。你要做的就是以一种建设性的方式去提供反馈，并让孩子自己进行试验。所以，当你和孩子在信仰或观念上发生冲突时，请先问问自己这样做是否值得。你们争执的目的是什么？这样的争执对现在的情况有帮助吗？你是否在帮助你的孩子自己去成长？请保持一种开放的心态去以交流的方式来和孩子讨论(你和他的)的决定。请向孩子强调，这些决定，无论大小，都是有助于他塑造自己的品质的。

我已经记不清有多少次以老师的身份在家长会上听到各种不同的"我去对家长会了吗"或者是"你一定是在说别的学生吧"的话。至少在某种程度上，人们经常把它当作一个笑话来讲。作为一个家长，我也说过同样的话。我的孩子是害羞的？你确定？我的孩子在寻求学业上的挑战？但这些当中其实很多都是真的。我们的孩子在家里和在学校里是不一样的。他们会想要在同龄人面前留下积极的印象，也会想要取悦他们的老师或其他对他们生活有影响的成年人。这是很正常的。他们会表现出不同的样子，并深知什么时候该转变。还有，当他们知道该怎么做的时候，他们有时会用行动来吸引别人的注意。他们在处理各种情况、对此做出选择、反思和/或评估他们得到的反应时，他们也是在不断地塑造自己的品质。

当孩子进入青春期的时候，请把自己当作一个向导或是引导者。以前，你可能更像是一个经理或管理者，但现在，你更多的是他众多影响者中的一个——而且，这会是你想保持的状态。请通过多多提问并倾听孩子想法的方式来理解孩子的理由。请支持那些好的决定，并让孩子去评判那些不好的，而不是你自己直接评判它们。

青少年天生就是以自我为中心的，他们缺乏成熟的决策能力（执行功能），并经常渴望得到同龄人的关注。在信息时代，他们被迫在线上和线下都要塑造自己的品质。考虑到信息通过手机传播的能力，发生麻烦事的可能性是很大的。有了手机，孩子就可以随心所欲地发布那些性感或其他不合适的想法、图片和主意了。不管它们看起来有多私密，这些信息都很容易就会被复制和分享。这种不是面对面的交流没办法让青少年看到即时的负面反应，比如羞辱，并且，这能满足他渴望获得关注的欲望。

但问题是，青少年不一定能意识到别人会如何看待他们的行为，也不知道一条评论或是一张照片可能会在学校内外传开，并因此损害他们的名誉。正因为他们的执行能力尚未开发完全，所以青少年的大脑可能并不会考虑什么后果。而作为父母，我们需要经常提醒孩子，我们发布在网上，或通过短信或应用程序分享的内容是会产生其后果的。这不仅适用于色情短信，也适用于其他的各种行为。例如，2017年6月，10名哈佛学生在脸书（Facebook）的私人群组中分享了不恰当的表情包和信息后，被取消了就读资格。你还可以再说一些你自己的、吓人的故事来更清楚地表达你的观点。如

## 实 践
### 屏幕使用时间

为青少年提供发展独立性的机会是至关重要的，因为这样他们才可以直接了解到什么叫接受自己的决定带来的后果并承担责任。社交媒体中也包含着这些机会。随着近些年来的发展，孩子用电子产品来完成学业和社交活动的时间大幅增加，他们与他人相处的方式也与我们小时候不同了。这也不全是坏事。他们现在有更多的机会去接触其他地方的孩子并和他们保持联系。而且，对于那些在传统社交方式下没办法自然融入的孩子而言，他们现在有了更多、更便利的与他人互动的方式了（例如，游戏或聊天）。

当你想鼓励孩子进行面对面的交流时，也请支持孩子在网上的社交。面对年幼或刚开始接触数字设备的孩子，家长要严格监控他们对电子产品的使用。请在一段时间内观察他们运用电子产品所做的一切事情。请告诉他们，这样的监督和谨慎使用这些工具的重要性。观察孩子的每一次使用能让他们意识到这很重要，他们发布的内容非常值得你的注意，以至于你要花时间去监督他们。

> 请适当地参与孩子的线上生活。记住，父母并不了解孩子所做的一切，所以当你的孩子在线上变得更加成熟并表现出责任感时，请面对面地关心孩子，而不要频繁地去检查他们的线上生活。告诉孩子你对他们的期望以及其中的原因。请直接问问孩子在用这些电子产品干什么，而不是单纯地监督他们的一举一动。

果孩子已经在网上发布了不恰当的内容，请在对话开始前理解孩子这样做是因为他的不成熟和缺乏经验而导致的，并请告诉孩子大脑和身体的相关知识。

## 正念——以及它的意义

我们应对压力的方式在很大程度上反映了我们的品质和观念。如果作为父母的我们，因为压力而悲痛地哭喊，并把工作带来筋疲力尽全部带回家里的话，我们就会教会孩子，当生活有压力时，把我们的沮丧发泄到别人身上也是可以的。换句话说，我们在发泄而不是纾解我们的压力。

对抗压力最好的工具之一就是正念。正念就是单纯地把注意力放在当下。神经科学研究表明，正念能有助于增加我们的韧性，并能在大脑中开发出新的神经通路来。换句话说，正念可以帮助我们制定新的解决方案来处理生活中的压力源。作为人类，我们往往把大部分时间都花在了"预测未来"或是重温过去上。通常情况下，这种预测和重温大多是关于那些我们正试图解决的负面可能性和经历。那把注意力集中于此时此刻，也就是当下，怎么样？这就是正念，它把我们的注意力集中到了我们现在所处的位置和正在发生的事情上。

研究表明，将正念融入教育对你和孩子都会是有好处的。一种冷静的、不加评判的及无反作用的教育方法会鼓励孩子去采取更多积极的行动。正念是指活在当下，并去理解你能控制什么，以及你的选择都有什么，而不是指"做到积极乐观"并试图去扭转局面。

请使用正念来做事和获得自我认知。例如，对大多数青少年来说，培养身体健康的意识是一项很困难的事情。随着孩子的成长，他们对自己身体的认知也会发生变化。荷尔蒙的激增、青春痘的出现、体重的快速增加以及情绪的波动甚至会影响到情绪最稳定的青少年。在你和孩子的谈话中，聊一聊怎样用正念照顾自己。这意味着不带评判地接受当前的情况，认识到一切都是暂时的（不是永久的），以及照顾好当下的自己。

在青少年成长的过程中，他们的身体就像是一个战场。

男孩子和女孩子都对他们"应该"看起来怎么样有着近乎不可能达到的高标准。并且，他们会因为自己的身体与那些他们模仿的人——通常是一些模特、演员，或是专业运动员不一样而感到失望。社交媒体确实在孩子形成自我意识的过程中扮演着重要的角色，但作为父母，你也会是一个主要的影响者。孩子正在努力探索自我以及他们理想中的模样，请认同这些挣扎都是真实存在着的，这将帮助你们开启身体形象的对话，请承认身体形象有时确实会是个问题，并问问孩子对此的想法。你还可以强调健康和强壮的重要性，并通过自己的行为举止来践行你所说的。

**保持感恩**

请教会孩子去感恩。这不仅能帮助培养孩子的同理心，还能让他们不去不断地将自己的生活与他人的进行比较。如今，你可以很方便地通过社交媒体看到别人在做什么、买什么、享受什么等等。通过停下来去确认生活中你所拥有的东西（无论是有形的还是无形的），你将对自己的生活产生更深的感激之情。

真正地保持感恩意味着你要经常去表达你的感激之情。它可以是简单地写日记，在家庭聚餐时分享你的感激之情，或者给别人写感谢信。无论你选择怎样去表达感激，请帮助

## 从现在开始培养品质

评估那些你为孩子提供的、能帮助他塑造品格的机会。当你浏览这一列表的方法时，思考一下哪些是你已经在做的了，以及哪些是你还可以改善的。

**家务**。你的孩子有常规的、要做的家务吗？还有什么更多的或者不同的、他可以接手的家务活吗？做家务能帮助孩子理解家庭责任，并培养他对家庭的自豪感。和孩子聊聊什么家务是对他最有帮助的，如果可以的话，请给他们些选择的机会。

**家庭作业**。你的孩子每天晚上都会独立完成作业，而不需要你的任何帮助吗？如果你确实提供了很多帮助，你可以开始逐渐减少它们吗？你可以把家庭作业当作孩子和老师之间的交流工具。它应该是一个真实地描述孩子能力的东西。如果孩子感到很困惑，请一定要问问老师你该如何参与进去，或是你应该给孩子提供什么样的帮助。

**志愿活动**。你的孩子定期或常规性地在做义工吗？志愿活动可以帮助孩子培养共情和感恩之心。这可以帮助孩子去对抗那些经常困扰到青少年的欲望。

**慈善捐赠。**作为一个家庭，你有没有为任何组织或团队捐过款？有没有什么你和孩子觉得应该去支持的组织呢？

**工作。**你的孩子有工作吗？一份工作可以帮助培养孩子在家庭之外的责任感，并学习到许多实用的技能。鼓励孩子去张贴关于照看小孩、宠物、整理院子或是其他工作的传单吧。如果孩子到了可以申请正经工作的年龄，那就支持他们去申请，并请鼓励他们把收入存起来去给一些特别的事情做准备吧。

**课外活动。**你的孩子有没有一个能让他们深入探索的、感兴趣的领域？如果孩子有兴趣，有时间，并且这在你的预算之内的话，那么去参加课外活动对孩子而言是很好的。你也可以利用你所在的城镇或城市提供的那些便宜或是免费的项目。重要的是，关注他们通过参与而学到的东西（例如，练习乐器），而不是最终的结果（例如，赢得冠军）。

**对兄弟姐妹的责任。**你的孩子会照顾弟弟妹妹，或是会表现得像年长一点的孩子吗？他们是否表现得友善且乐于助人？聊一聊他们之间交流的方式，并提供他们彼此照看的机会吧。如果其中一个人的责任是主管整个家的话，请确保别的孩子会负责其他事情。

**精神性和感激之情。**你的孩子会怎样表达感激之情？你有没有什么可以添加到日常生活中的、能够增加孩子与精神性联系的仪式呢？你能培养哪些可以增加孩子感激之情的习惯呢？你是否为孩子提供了一些没有电子产品参与的放松形式呢？比如在大自然中散步、做园艺、做瑜伽、冥想或艺术设计之类使大脑感受平静的方式。

孩子理解感激的重要性，并把它养成一种日常习惯。开启对话的一个有趣的方式可以是先分享你所感激的事情，并让孩子在餐桌上分享他们所感激的事情，然后问一问他们对此的想法。

请提醒孩子，建立品质需要一个过程，而他的行为代表着他的品质。他的品质是他心中自己的模样。请通过找到和赞美他的品质中最好的一面来帮助他成为他自己。要关注那些正向的东西，但也别去忽视其中的问题。例如，孩子可以对赢得比赛或是取得好成绩抱有很高的期望，但要确保让孩子知道，作为一个选手他正直的品质才决定了他到底是谁。

最后的结果(无论是他在比赛中获胜还是惜败,在考试中名列前茅还是表现得不太理想)只是用来衡量他在那一刻所拥有的能力的。而他自己本身才会影响他下次的表现。告诉孩子认为"胜利不是一切"这没什么问题,但要让他明白,从长远来看,他的品质将如何帮助他获胜。

## 开启培养品质的对话的方法

● 活动1:分享一个教训

和孩子分享一些你做过的、不太光彩的事。请一定要包括你最后面对的后果或影响。谈谈你的感受。为什么你觉得

> **启 发**
>
> 在关于培养品质的交流中……
> · 告诉孩子都有哪些选项,并鼓励他们自己做决定。
> · 承担后果,并坚持到底。
> · 尊重孩子成长中的道德和观念。
> · 关注当下,并知道这一切都是会过去的。
> · 教会孩子感恩和真正地欣赏。

这是不光彩的？告诉孩子你从中学到了什么，并且如果可以的话，请告诉他们你是如何将这些经验运用到未来的决策中去的。然后，和孩子分享一件你做过的、令你骄傲的事，不论大小。是什么促使你做出这个决定的？这是你自然而然想做的，还是你需要说服自己或思考一下的？结果怎么样？为什么你觉得这是让你感到骄傲的？

● 活动2：练习正念

　　练习正念最简单的方法之一就是控制你的呼吸。控制呼吸是一个很棒的工具，因为无论在什么时候它都可以发挥作用。在开始前，和孩子一起阅读这部分，这样你们就能全身心地投入到这个活动中去了。

　　和孩子舒服地坐在一起。靠在垫子上，闭上眼睛。把一只手放在你的腹部，然后观察你的呼吸。你的呼吸是会改变的，有时变得更深，有时变得更浅。感受你的呼吸从腹部开始，一直上升到你的嘴巴和你的鼻子那里。想象你的呼吸像波浪拍打着海岸一样，变化无穷。因为你可能会走神，所以请试着把注意力全部集中在你的呼吸上。然后，再将你的注意力扩大到你所感受到的细节上——你现在的五种感官——触觉、嗅觉、味觉、视觉和听觉。当你感觉自己开始分心时，慢慢地将自己拉回到现在。

　　如果你对此感到困惑，或者想要延展这样的练习，请考虑下载一份冥想的指南。请为你自己和孩子量身定制属于你们的冥想。找一个你们最喜欢的地方，然后创造这种感官体验吧。考虑让孩子为他自己量身定制一个属于他的冥想。

● 活动 3：关于体形的对话

和孩子聊一聊身体形象的事。这对女孩子和男孩子都是一个问题。当你和孩子坐在一起看电视或浏览社交媒体时，问问孩子对这些图片、身形和所描绘的信息有什么看法。请鼓励他们成为一个独立的思考者，以客观的态度来看待这些图像和信息，而不是被广告或其他人的想法所操纵。和孩子聊一聊对自己身体现实的期望吧。

你还可以告诉孩子所谓"理想"的身材是如何随着时间以及世界不同的地方而变化的。你们可以去看看那些古代和古典的艺术、世纪之交的照片以及老电影们。甚至在我的有生之年里，关于完美身材的观念也发生了变化——在 20 世纪 80 年代的时候，苗条是流行的，但现在，丰满的臀部又流行了起来，而更丰腴的身材也被认为是美丽的。男性不一定要有六块腹肌才是有吸引力的。和孩子探讨他想要取悦的人是谁，以及这会如何改变他的感受。要注意的是，广告商就是瞄准着青少年没有安全感的特点下手的，所以和孩子沟通并帮助他们拥有健康的形象概念是至关重要的。

鼓励青少年去聊一聊那些使他们的身体感觉良好并让他

## 支持孩子的自我形象

专注于孩子的品质。当你和孩子交流时，请关注他是一个什么样的人，而不是他的外表或成就。

赞扬多样性。享受生活中各式各样的活动并认识各种各样的人，告诉孩子没有什么标准是需要去刻意追求的。

讨论决策。当孩子做出选择时，问问孩子的意图，并解释为什么它会导致这样的结果，而不是只关注其结果（或者可能的惩罚）。

提供促进独立的机会。给孩子一点自由，这样他才能学会去依靠自己。

们感到愉快的活动。请为孩子提供一些你自我照顾计划的例子。比如泡个澡、做瑜伽、锻炼、做一顿有营养的饭、坐在阳光下、游泳、到大自然中去，或者如果你们是肾上腺素爱好者，它甚至可以是坐过山车或是其他刺激类的运动。

帮助孩子选择至少一项他喜欢的活动，并在接下来的一个月里坚持每周都去做。把它写在日历上，并帮助他体验自我照顾。如果你没办法和孩子一起去参加他的活动的话，请一定要关心他自我照顾的经历。问问孩子："你做了什么？你感觉怎么样？你的身体感觉如何？在做完之后你觉得有什么不同吗？你想不想定期坚持做这件事呢？"给孩子找一些不同的自我照顾的习惯，并把它们添加到他的日常生活中吧。作为家长，你的任务就是为孩子树立一个自我照顾的榜样，孩子是最有可能去模仿他们看到的东西的。

## 对话的话头和提示

下面是一些提示和对话要点，可以让你和孩子开始一段关于培养品质的对话：

● 行为举止

请理解孩子可能有时会做出不太明智的决定。也请赞扬那些好的决定，并让孩子从那些不那么好的决定中学习进步。虽然给孩子惩罚并对其始终如一是好的，但也不要错过了和孩子探讨问题，并学习其中教训的机会。

当一个问题或是危机（不论大小）出现的时候，请先问问孩子并试图理解整个故事的背景，之后再去进行推断。

"发生了什么？是什么让你想到这么去做的？还有什么相关的事吗？你觉得我为什么会感到惊喜/感到失望呢？你对所发生的这一切感觉如何呢？"

然后一起为之后做个计划吧。

- "你觉得我们应该怎么处理这件事呢？"
- "你觉得谁应该参与进来呢？"

称赞孩子做出的努力。成就的确很棒，它也应该被赞扬，但也要向孩子强调其中努力的重要性。而当努力并没有带来成功的时候，请继续强调努力的重要性。

- "你已经练习过很多次了，我很抱歉你输了比赛，但你的练习是有回报的，这能从你（插入孩子正向的改变）看出来。"
- "你觉得你应该再多练一练哪个部分呢？你有没有和你的教练沟通过你应该集中训练哪个地方呢？"

● **教育和生活技能**

请试着鼓励孩子为了学习而学习，而不是为了成绩或是其他回报而学习。

- "你这些天在学什么呢？它和你的经历有什么关联吗？"

如果孩子觉得上课有困难或者只是单纯地对学习不感兴

趣，请和孩子聊一聊这些学科是怎么和现实世界联系在一起的。你能想到运用哪些方法呢？如果你很难找到这些联系的话，那就去做做调查吧。

- "我能理解学习一些看起来没什么用的东西是很难的。你能想到什么它能在未来帮到你的地方吗？"
- "谁会经常使用你正在学的这些知识呢？"
- "你想不想和谁（插入一个人的名字，如果你认识任何人的话）聊聊为什么它在大方向上是至关重要的呢？"

当孩子拿到一个成绩的时候，请向他表达喜悦；或是在他不满意他成绩的时候安慰他。

- "我对你在这个项目上的努力感到非常的自豪。你觉得它怎么样呢？"
- "你能和我说说你的成绩吗？有什么你觉得很难的地方吗？有什么我能帮你的吗？你想不想和你的老师或是指导员聊一聊？你有没有可以倾诉这件事的人呢？"

强调成绩和成就只是学习过程中重要的一部分。成绩能说明孩子知道什么，不知道什么，或是正在学习什么。它们更应该被看作是指导孩子的路标，而不是总结孩子价值的东西。

- "感觉我们最近忙得团团转,你有足够的时间吗?"如果答案是否定的,你可以说:"我们应该怎样做才能使我们的日程安排稍微宽松一些呢?"
- "你觉得你得到了你需要的帮助吗?"如果答案是否定的,你可以说:"你觉得你需要什么样的帮助呢?你觉得我们应该先去哪里寻求帮助呢?"

● **健康良好的习惯**

请关注孩子的力量及其品质而不是他们的外表。也请注意你自己评价自己的外表以及别人的外表时的说话方式。支持孩子有自己独立的形象,并赞赏他们的独特性。

- "你觉得是什么让一个人很美?你觉得'内在美才是最重要的'这句话意味着什么?"
- "是什么让你变得与众不同?你觉得我爱你的什么地方?"

激励孩子选择健康的饮食和生活。邀请你的孩子去参加一些体育活动:远足,健身课,在公园里玩街头篮球游戏,参加一个你们都很在乎的马拉松公益活动,或者是去沙滩上玩一玩。

让孩子参与到食物的选择中，如果他感兴趣的话，你们也可以一起做饭。

- "你晚上想吃什么呢？你今晚可以做晚饭吗？"
- "你在学校都吃什么啊？你想准备你自己的午饭吗？有什么是你喜欢的，我们可以在家做的东西吗？"

● 谦逊

在自豪和吹牛、谦逊和消极之间，仅有一线之差。请赞扬孩子的成功和努力，并鼓励孩子这样去做。聊聊他说的话并给他合适表达的例子。

- "你对自己什么地方感到自豪呢，为什么？"
- "你会和你的朋友们分享这些吗？"

用自豪的语气和孩子聊聊你人生中成功的地方。

- "我有没有告诉过你那一次我……？"
- "你有没有感觉那样过？"

指出那些夸夸其谈的例子并聊聊他有哪些选择。

- "我能理解别的队伍的庆祝会让你和你的队员们感到失落。你觉得如果是你们赢了的话,你们也会干一样的事情吗?"

● **自我认知**

告诉孩子你们的家庭历史。你像谁?哪个家庭成员启发了你?哪个让你感到厌烦?为什么?他们的行为或是他们带给你的感受是怎样影响你的自我认知的呢?

- "你会怎样形容你自己?"
- "是什么造就了你,是你自己吗?"
- "你有任何想要改变你自己的地方的吗?"

● **正直**

请对孩子的正直设有较高的期望,但也要坦然面对孩子有时会达不到期望的事实。你可以和孩子分享你表现得非常正直的一次经历,以及你表现得没有那么正直的一次经历。你从这些经历中学到了什么?这些经历又是怎样在之后影响你的呢?哪些是你试图去重复的,而哪些又是你试图去改变的呢?

- "你什么时候感觉自己做出了妥协?"

- "你在学校尽全力学习了吗？"
- "你有没有觉得自己需要更加努力呢？"
- "你对于作弊是怎么看的？你有没有觉得作弊或是说谎是没什么大不了的？你有没有想过去作弊？你做了什么？"
- "谢谢你那么努力。你觉得是哪里出现了问题呢？"
- "我爱你，这也是为什么这会让我这么伤心，但我是不会放弃你的。你觉得下次我们能怎么改进呢？"
- "为什么_____对你而言那么重要？你会愿意为它或是它们付出什么呢？"

● **社交媒体和科技**

很多事情都是一样的，它们都需要熟能生巧。即使你有最好的老师，你也依旧需要练习去成为一个好的驾驶员、乒乓球选手，或是钢琴家。请在刚开始的时候慢慢地让孩子接触社交媒体，并一起从中得到乐趣。即使是当孩子开始独立使用这些东西的时候，也请多关心孩子，和他聊聊他的线上生活。

- "他发的那个东西是什么意思啊？这是你在自媒体上通常会看到的东西吗？"

● **管理社交媒体计量带来的焦虑**

青少年希望被别人喜欢是正常的,而缺乏关注很可能会让孩子感到孤独或是抑郁。当今的青少年总是面临着一种被孤立的感觉,它是一种几年前我们甚至无法想象的现象。通过这些社交媒体,孩子可以立刻看到人们是否喜欢或是在嘲笑他们的帖子。他们在吸引关注者的同时也在关注其他人。这会有助于孩子与他人建立联系,但也会让孩子感到被忽视或是被拒绝。缺乏回应和较少的关注者会导致孩子产生较低的自我价值感。例如,想象一下你的女儿发了一张自己唱歌的照片,而没有任何人给她点赞。可能是没有任何人看到了它,也有可能是没有人理解这对她有多么的重要。无论如何,她都有可能会把这种缺乏回应的感觉内化,并认为人们觉得她是一个糟糕的歌手。如果孩子正面临着这样的焦虑,以下的四种方法可以帮助到他们。

- **教会他们并做出自我管理的榜样**。帮助孩子学会如何减少那些可能引发焦虑的社交媒体时间,例如设闹钟,在一天中的特定时间内禁止使用电子产品,或是去做其他的活动等等。
- **找到问题所在**。比起其他的而言,有没有什么特定的应用程序、人群,或是情况会给孩子带来更多的焦虑?如果有的话,请找到它们,并帮助孩子解决这些问题。

- **尝试其他可以替代的活动**。找到那些孩子喜欢的活动，线上线下都可以，并鼓励他多去参与这些活动。
- **看清全局**。请帮助孩子明白这只是成长过程中的一小部分，而社交平台上的反馈并不能说明他是谁。

## ● 精神性

精神性对不同的人而言可以意味着不同的东西。它可以是一些户内或户外活动，例如冥想、瑜伽，以及正念。在森林中漫步或是在沙滩上嬉戏也可以是让人感觉精神性的。不论这对你来说意味着什么，请尊重并和孩子分享它。什么会让你感到更加专注？或者说它是如何让你振作起来的？请邀请孩子去参加你的活动而不是强迫他去。这将帮助他建立自己的想法活动。请对其他与孩子产生共鸣的活动和方法保持开放的心态。

- "你想不想和我一起参加一次活动？"
- "你想去做什么呢？"
- "你喜欢活动的什么地方？有什么你不喜欢的地方吗？"
- "你会怎么样定义你的精神性呢？"
- "怎样会让你感觉精神性？"
- "你的朋友们对于精神性有什么别的想法吗？"

- "有什么你想去探索或是希望我支持你的东西吗？"

## 实际对话

你检查了孩子的电脑，并看到了一段他在社交平台上的对话，他在其中用下流的语言谈论另一个同学，并取笑了另一个孩子的外貌和智力。你把检查他的信息作为了他使用电子产品的交换，所以他是知道你有的时候是会看的。但你确实对侵犯他的隐私并由此得知了一些你不应该知道的东西而感到有一丝愧疚。你问自己他怎么会没有意识到你可能会看到这个。而他又怎么可以这么刻薄？你已经和他讲过透明度的问题了，你也和他说过孩子发的那些东西会永远留在那里，难免会落人口实。你一整天心神不宁。你试图将注意力集中在工作上，但实际上，大部分的时候你只是在等待他放学回家，好和他谈谈这件事。

首先，请深呼吸。虽然在网上写下的那些东西可能会是永久的，但这并不意味着被嘲笑的孩子一定会看见这些中伤他的帖子。你对儿子感到失望是正常的，但一个错误的决定或是一句刻薄的评论并不意味着你的孩子就是坏的或是刻薄的。这只是单纯地意味着他在这一方面还需要学习和成长。请记住，永远支持你的孩子，意味着在他为他自己做出的事情负责时也要支持他。请试着给你们两个一些时间，这样你就能更好地处理这个情况，而他也可以在回家后做他需要做的事情了。给你们的沟通找一个合适的时间，保持开放的心态，让他进行解释，并认真地倾听他。

试着以"你今晚的作业有什么呀？我有一些严肃的话题想和你聊聊，我希望你能腾出些时间给我"开头。

如果他问，孩子通常都会问的，他是不是做错了什么事，或是这个对话是关于什么的，请诚实而直接地回答他："我发现了你电脑上的一些东西，它们让我很担心你。"

这会让他有时间去处理你们将要去讨论的东西，并为其做好准备，如果他需要的话。最好在你们两个都没有处于情绪极度不稳定，或是像攻防战似的状态时再进行对话。同时，这样你还在告诉他你找到了些什么，你很担心他，并且你想知道他是怎么想的。

当你们决定好沟通的时间以后，找一个比较私密的、舒服的地方，以一个事实开启对话，然后再抛出你的提问。

- "我在你的电脑上看到了些东西（确切地说出你看到的东西）。你能和我说说它吗？"让他进行回答。给他些时间，如果他没有准备好的话，沉默也是可以接受的。

他告诉你那就只是一个玩笑，那个孩子在班上非常烦人，他和他的朋友这样说那个孩子只是为了有趣而已。他向你保证那是个私密的群聊,而这并不是什么大问题。他的朋友们发过更恶劣的东西。

请在他说完后承认他的观点和感受。承认并不意味着认可,但它向孩子表明你理解了他的观点,并且你愿意和他聊这些东西。向他表明你理解他不认为这有什么大不了的,但如果这些言论对你都形成了这样的冲击,那他能不能想象到那些和那个孩子关系更亲近的人会怎么想呢?

- "我懂你的意思了,而且你可能觉得这是你们私下的对话,不过没有什么你发在网上的东西会是百分百安全的。它们可能会落到意想不到的人手里。而这会是我们需要处理的问题。"

问问孩子为什么要这样做,并想想以后遇到相同的事情时有什么其他可以代替的方法。

- "你希望通过说这些话达到什么目的呢?它会让你感觉很好吗?你还能做什么来代替它吗?理想状况下,你以后应该怎么做呢?"

最后一个问题会暗示孩子你知道他想去做正确的事,并且虽然他很有可能会在同一个地方犯错,但那时他会有一个可以帮助他的计划在手。

问问孩子他有什么能在现在和将来纠正这个错误的方法。他觉得其他孩子也需要知道这个吗？他应该为他的消极性向他的朋友们道歉吗？把那段对话删掉然后翻篇当然是最简单的方法了，但他会从这次的错误中学到什么吗？他能做什么来从这段经历中获得成长呢？

- "你觉得你应该怎么处理这件事呢？"倾听他的回答，并且如果可能的话，把他的计划落实，或者至少把他愿意接受的那些计划落实了。你也可以试着和孩子进行角色扮演来练习他将要进行的对话。
- "你需要我的帮忙吗？你能做到吗？你会去做吗？"

你的儿子需要知道你会永远支持他的，并且即使他做错了事，你也会永远爱他的。而让孩子自己想办法去纠正他的错误向孩子表明了你知道他有能力去承担责任。请把自己当作支持者，并把孩子当作去解决问题的人。

"勇气始于大胆地表现自己。"

布琳·布朗（Brené Brown）

# CHAPTER 9

## 第 9 章
## 推动有关勇敢的对话

我朋友苏珊的女儿，雪莱，某天早上到学校后被震惊到了，她的朋友都围着她对她说："我很抱歉，你还好吗？"那时，雪莱还不知道一夜之间在社交媒体上发生了什么可怕的事情。原来，是她的前男友在社交媒体上分享了一张她的裸照。雪莱感到羞愧难当并且觉得自己被当众羞辱了，而随后与她的母亲、学校的管理层，以及和警方的对话也让她感到非常难过。最重要的是，她还要承受对公众和对家人曝光隐私的双重痛苦。

苏珊同样遭受着这一事件带来的强烈冲击。她被迫认识到自己的女儿竟然拍摄过这些暴露的照片，并且很有可能有一段比她以为的还要更亲密的关系。苏珊需要鼓起勇气来直面这些，但是她也告诉了雪莱，不论情况多么糟糕——而她们正面临的确实蛮严重的——她们都会一起解决掉的。

虽然苏珊在这个过程中一直是震惊而担忧的，但她也一直都相信这一切只是暂时的，并且一段时间过后就会被遗忘。她相信事情会迎刃而解，并且她能做出她所能做的、最好的决定。她鼓励雪莱继续去学校，和她的前任对峙，挺起胸膛自豪地面对一切。通过支持她的女儿而不单单是指责她，苏珊让雪莱知道了虽然我们需要鼓起勇气才能坚强地面对这一切，但这也是我们拥有的最好的办法了。苏珊告诉她的女儿，真正的好朋友会在流言蜚语中陪伴她，这是难能可贵的，而虚假的朋友会在这时弃她而去。苏珊所展示的自信（虽然在很多方面上都是假的）帮助她们渡过了最初的难关。之后她就可以退居二线，帮助雪莱让她为这次的错误负责并让她从中学习、进步了。

## 冒险的重要性

青春期本该去冒险，去了解底线，去形成自己的想法，并根据冒险的经历去延展自己的观点。支持孩子去冒险可能会让你疯掉，所以如果你不能说服自己去支持孩子这样做，那明白这是他应该做的，并试着不去阻止他就好了。这个探索世界的过程会帮助他定义自己，并使他了解到底是什么在驱动着她。

冒险在不同年龄段和不同情况下可能是会有所不同的。对于有些人来说，发布一个政治相关的表情包就是在冒险了，而对于另外一些人而言，在教室里发言可能就是一次巨大的冒险。孩子会有或大或小的机会去冒险，而你需要去帮助他来权衡利弊，什么时候需要前进把握机会，以及什么时候需要拒绝这次机会。请和孩子聊聊他的经历、决定及其结果。他从中学到了什么？在他遇到更大的问题时，诸如喝不喝酒，喝多少；要不要上喝了酒的朋友的车；要不要作弊等等，他会依赖他的经验，以及和你对话来做决定。随着你们对话的深入，孩子将会拥有更多的选择，他们会认识到每一个情况其实并不存在唯一正确或错误的选择。而且回想起来，之前看起来是正确的选择其实会是错误的。孩子需要在当下做出他们认为最正确的决定，同时，他们也需要反思先前做过的决定，并以此帮助他们做未来的决策。

## 发展脆弱性

孩子不可能了解他们家长的每一件事，这很正常。也就是说，让我们的孩子了解更多关于我们的事情，而不是仅限于我们告诉他们的，这是很有帮助的。孩子常常对我们只有一种片面的印象，因为我们只给他们分享了经过自我筛选后的形象以及过去。有一次，我在告诫孩子关于吵架的事情时，讲了一些关于我的姐姐是如何包容我，让我感到受欢迎的故事，尽管我其实是家里最小的那个。我儿子回答说："呃，那是因为你的童年是童话般完美的。"

我当时有些吃惊并笑了出来。我当然没有。我的童年虽然不错，但我从不认为它是完美的。让孩子看到我们不完美的一面——知道我们也有不安、担忧、悲伤、挫折——这是很重要的。我们不想对我们的困难喋喋不休，是因为我们不想让成年人的问题困扰到孩子，但是对孩子来说，时不时地看到我们的挣扎也是不错的。

展现脆弱性意味着在知道这可能会对你造成伤害的情况下敞开你的心扉。本书的作者兼研究者布琳·布朗指出：我们经常会认为我们做某事或看待某事的方式就是这件事"应该"被对待的方式。而任何不同的观点在我们看来都是在批判或是抨击我们的选择。解决自我怀疑的问题可以让我们接受自己的脆弱性，并努力实现我们对孩子的期望，这还能让我们摆脱所有事情都只有一个解决方法或是正确答案的观念。当我们因为自己本身而爱自己时，我们也将会教会孩子自爱。

想想那些定义了自我的，让你变得更加坚韧以及强大了的经历，并和孩子分享这些故事。它们不像童话故事般会有完美的结局，它们是苦难重重的，是那种自己深陷泥潭并想要放弃的经历。它们是"边缘经历"，是那些你身处困难但还是鼓起勇气硬撑了过去，好不容易出来后，感觉被痛击了但也越发强大了的经历。

请避免羞辱你的孩子。它并不会推动教育和学习，因为它表达的是对这个人的失望，而不是对这一行为的失望。这将打击孩子的自信和自尊心。请教会孩子以自我成就和满足为目标，而不是一味地追求完美。让孩子知道，没有完成我们的期望虽然有时会带来需要承担的后果，但也是学习和成长中重要的一环。

## 伸张正义和为自己发声

虽然我们会认为我们的孩子肯定会为那些被欺负的孩子伸张正义，但成为一个旁观者要简单得多，并且比起发声，它也更符合孩子的天性。不要期望自己的孩子总能在逆境中做出最佳的选择。不论是在现实还是网上，请在遇到的时候，在孩子面前做出伸张正义的榜样并且识别当中的不公。帮助孩子练习那种并不会直接联系到他的、伸张正义的方式（例如加入一个全国性的公益活动）来帮助他摒弃那种一定要在朋友面前表现得强大而自豪的想法。有了足够的沟通和支持，你的孩子就能学会不论在什么情况下都昂首挺

## 实 践
### 了解欺凌的信号

记住，孩子的行为可能是很正常的。他也许会尝试些新东西并且试探其中的底线。请不要给他贴上施暴者或是受害者的标签，因为这些可能会成为比事件更长久的耻辱。

如果你担心自己的孩子正在遭受暴力，请找寻下面的典型信号：

- 他是否变得更加喜怒无常、孤僻、悲伤、焦虑或者易怒了？
- 他是否比以前更加频繁地在查看社交软件？
- 他是否清理了电子设备上的历史记录？
- 他的自尊是否受到了打击？
- 你是否发现了任何药物滥用的问题？
- 他饮食或是睡眠的作息是否发生了改变？
- 他是否对于去学校或者参加活动感到焦虑？
- 他是否提议过更改他的日程安排？
- 他时常丢东西吗？
- 他的身上是否突然多了很多伤痕？

- 他的朋友圈子是否发生了很大的变化？

如果你怀疑你的孩子有暴力行为，请找寻下面的典型信号：
- 他是否对其他同龄人或成年人表现得极具侵略性？
- 他是否有挑衅的行为？
- 他是否收到了许多来自学校的处罚单？
- 他是否很难处理愤怒的情绪？
- 他是否总是很容易陷入沮丧？
- 他是否对他人缺乏同情心？
- 他经常吹牛吗？
- 他是否很难接受别人的批评？
- 他是否非常需要大人的注意？
- 他是否总是骂人？
- 他总是会推卸责任而不是去承担责任吗？
- 他是否有过强的竞争意识？
- 他是否有过被霸凌的经历？

胸地站着。当不公平的事情出现时——例如当他看到另一个孩子在学校走廊被盯上时，他将会更好地按照自己的意愿行事。

帮助孩子形成有魄力的行为举止可以让他们更勇敢地去行动。有魄力有时会被等同于烦人和好管闲事。甚至一些成年人都会克制自己的魄力只为了展现他们的礼貌或是避免冲突。教会孩子拥有魄力，并向他展示如何在简单的情境中维护自己，这样最后遇到困难的情境时他就也能维护自己了。和孩子进行角色扮演来让他知道如何去应对这些情况。请用合理的逻辑来对一些简单的话题进行练习，这样在面对那些棘手的情况之前他就可以做到对自己的信念很有把握了。鼓励孩子去做一些张开的身体仪态，这样能够帮助他们维持自信。

孩子在一生当中很有可能会扮演欺凌事件中的两种角色——就像你曾经一样。问题的关键在于我们对此如何反应。你们关于伸张正义的对话还可以帮到那些感觉在被欺负的孩子。重要的是，帮助孩子认清不论他曾经做出了怎样的选择，他们在任意一个境况下都是有能力解决问题，并且也是可以挺身而出的。对抗暴力欺凌最好的方法就是内在的自信，而你可以通过家庭来给予这种自信最有力的支持。

大多数欺凌事件都是可以被孩子解决的。然而，要注意危险的信号并提前预防。不要害怕某些标签或是觉得它们

### 角色扮演

预设和预演这些情况可以帮助孩子学习如何为他们自己站出来。下面是一些可以在家里尝试的方法。请把下列情形讲给孩子,并询问他们会如何处理这些情况:

- 你的朋友辱骂了其他同学。
- 在课堂上,你听到或看到某人情绪受伤了,而你的老师没注意到。
- 你的朋友背叛了你。
- 有人骗了你,而你不情不愿地接受了。

会使孩子困惑终生。如果你教会了孩子要站起来,为自己辩护的话,他将学会如何处理未来的情况。但这也并不意味着你就得袖手旁观,你可以提议去帮助孩子,询问孩子想要怎么做。如果他想和某人对峙或是和学校的辅导员进行沟通的话,你可以和孩子进行角色扮演来练习对话。如果你们正在处理比较严重的情况的话,你可以寻求学校的帮助,或是去咨询心理治疗师或儿科医生的建议。

偏见、歧视和评判都是从我们的信仰、人生经验和历史中提炼出来的、自然的人类行动。我们的偏见源于我们从家庭、宗教和历史中学到的，以及我们自身经历过的故事。这并不意味着这种想法是不可改变或者无法避免的。我们是有能力意识到自己的判断，对其产生疑问，并随之用新的观点代替的。首先要拥有意识，其次是提问，最后要重建我们的判断。本章的对话话头和提示会详述这些步骤，并会提供同孩子一道解决这些问题的具体方法。

共同参与，为自己发声，这是教会孩子这样做的最好方法。虽然这很少见，但如果这是孩子的主意的话，那么效果会更好。如果是这种情况的话，请和孩子聊聊，问问他们想要去支持什么。它可以是公众性的或是社会的，也可以只是单纯为了乐趣。你的孩子喜欢小狗吗？那就申请去当地的搜救机构当志愿者，并从中了解一下当你参与进去的时候，你在更高的层面上能做些什么。

在写这本书的时候，不久前刚发生了另一起悲剧的校园枪击案。这一事件和之前的有些不同，孩子们开始在学校里大声抗议，声称这一事件反映出学校亟须加强枪支管理。在如此短的时间内这些年轻人就可以快速有效地和国内的其他孩子及相关团体联系起来，最后甚至引发了世界关注，这是非常令人吃惊的。不论你对这个具体问题有着怎样的看法，这种情况告诉我们每个人都有能让世界有所不同的方法，同时，你可以参考以往的事例和当下的事件去向孩子展示为自己发声是如何改变世界的。

## 成长型思维

就像我们在第 1 章中说的,我们可以通过倡导成长型思维来帮助孩子提升他们的个人能力。成长型思维相信能力是可以通过后天努力而习得的。如果一个孩子坚信他的能力不足,他就会形成一个不想发挥自身潜能去提高能力的固定思维。作为家长,我们可以引导孩子建立成长型思维,并鼓励他们去发展自身能力。孩子对自己的看法会直接影响他的行为方式。经历失败能够帮助他们形成成长型思维——失败会使孩子意识到他们的能力并不是一成不变的,并且,就算是遇到困难,他最终也能克服它们。培养成长型思维能够帮助孩子坚强地面对困难与失败,并体会到过程的重要性。

孩子从出生起就是奋发图强而坚持不懈的。在没有任何提前设定好的奖励的情况下,他们就自行学会了行走,说话和用手去控制各种东西。他们迫切地想要成为世界的一分子。而当他们遇到难以解决的挑战或阻碍时,孩子可能会开始怀疑他们自身,并把一切都归结于自己的无能。

有很多具体的方法可以去培养孩子的成长型思维,其中最重要的一点就是要做出榜样,接受挑战。和孩子讲讲你自己的苦恼和坚持,并以此来激励他们的决心。请多说一些积

## 培养成长型思维

如果孩子受困于固定的思维方式,你可以帮助他们做出改变,并推动他们个人能力的发展。下面是一些帮助建立成长型思维的方式:

- 做出榜样!
- 告诉孩子大脑的发展和工作方式。
- 表扬孩子的努力,而不仅仅表扬孩子的成就。
- 从错误中吸取教训。
- 直面恐惧并且不逃避挑战。
- 看到挑战的价值。

极的、让他们感到安心的话:

"那听起来很难,我能给你帮什么忙吗?"

请鼓励孩子面对挑战。"这是运气不好"或者"有些人确实不擅长_____"。这样的话会对孩子设定较低的标准,并会促使他们形成固定型的思维方式。

## 健康的竞争意识

竞争是普遍存在的,而我们应该广泛推崇健康的竞争意识和行为。竞争可能会引发有违比赛精神且使当事人名声变坏的行为,这还将诱使人们与其他人对立。一些家长很担心鼓励孩子去竞争会将孩子逼得太紧了,或是为他们树立一个胜者至上的错误观念。从一个健康而合理的观点来看,竞争可以创造驱动力,并帮助培养孩子的毅力和韧性。竞争能够让孩子学会如何赢得体面,输得优雅。你的孩子不可能在每场竞争中都拔得头筹,在一生中,我们都会经历大大小小的失败。孩子不可能在每次考试中都名列前茅,他们也有可能被学校戏剧团开除或是被一所大学拒绝。当孩子逐渐长大,他们将独自面临更大的失败及其带来的更大的后果。让他们在小的时候多多经历竞争能够帮助他们学习如何战胜挑战。

请不要认为鼓励孩子去竞争就是把他们扔进狼窝里,这其实是在给他们一个把自己和其他人做比较,并从中改善自己能力的机会。就像你提倡成长型的思维模式一样,请称赞孩子的努力和实践,并支持他们在人生旅途中的个人成长。竞争也可以是轻松愉快的,比如说家庭成员间的大富翁游戏,虽然这对现实生活并没有什么太大的影响,但它仍旧能提供给孩子自夸或是挑衅别人的机会,而这也给予了我们一个机会，去和孩子讨论哪些行为是合适的，而哪些不是。

总之，请帮助孩子认识到在有关竞争的问题上直面挑战比逃避要有用得多。当我们努力成为一个积极向上，而不是充满恐惧的父母的同时，我们也应该鼓励孩子以同样的方式去生活。这并不代表我们没有恐惧，而是我们认同了恐惧并能勇敢地面对它。

## 培养对社会有贡献的人

在与数千名家长进行谈话过后，我发现绝大多数父母都希望他们的孩子能够在成年后成为一个快乐的人，而在他们的想法中，这一类人是代表着独立并且有能力维系他们的亲密关系的人。为了达成这一目标，我们需要在孩子的成长过程中给他们提供一点点体验独立的机会。请将育儿想象成培养对社会有贡献的人才的长期任务。当然，我们也需要平衡长线和短线任务。尽管对未来有预想很重要，但我们必须清楚地认识到孩子并没有完全长大，我们还是需要对他们的安全和幸福做出保障的。请将独立的机会视为循序渐进的过程，它们将会是成长道路上富有教育意义的时刻。

这就像是你鼓励你刚开始蹒跚学步的孩子自己穿衣服、整理床铺和倒牛奶一样，请鼓励青春期的孩子开始独立做自己的事情，比如规划自己的时间，关注自己的成绩，或是自

> **启 发**
>
> 在关于勇敢的谈话中:
> · 展示并承认自己的脆弱性。
> · 当孩子在发声时,站在他的身边为他说话来支持他。
> · 支持并塑造成长型思维。
> · 寻求培养勇气的机会。
> · 让你的家变成一处安全、舒适、并适合谈话的地方。
> · 让孩子知道他可以向你寻求任何方面的帮助。

己找工作。请去寻找一切可能独立的机会。询问孩子的意见并尊重他们的选择。如果你的儿子想要去派对而你不了解对方的父母,告诉他你的担心并一起制订一份计划,这样他就能够做自己策划好的事情了。如果你的女儿在学业上有困难,请先询问她的想法,看看她需要什么而不是单纯地帮她报辅导班。给予孩子充分的选择权和独立思考的机会,这将有助于建立你们之间的信任。

有时你的第一反应会是介入并解决问题或是拒绝孩子的请求。如果可以的话,请克制这种冲动。如果你发现自己做了超前的判断，请进行一些反思练习来找到这种倾向，并在日后改正。请努力在说"不"之前至少询问孩子为什么会提出这些要求。为什么这对他们来说是至关重要的呢？这样一点点行动上的改变就能够为孩子开启一个拥有更多选择的世界，这还会让他们对自己的决定有更多发言权和自主权。

我们生活在一个前所未有的忙碌世界中，在这里，我们和孩子都被过分约束着并被期待每天同时完成多项任务。但一心多用并不高效，因为每当我们被分配了一个任务，我们的注意力就会从上一个中转移出来。孩子看到过，也经历过这些手忙脚乱的情况。请帮助他们集中注意力在一件事上并分析那些外界的干扰。教会他们去做一些不那么受欢迎或是可能会延缓满足感的选择。对于青少年来说，一些简单的事，比如不总是惦记着看手机，也会被他们视为是一种勇敢，因为这是其他孩子不会做的事情。

勇气需要力量，而它可以从我们做出的一些微小的决定中获得，例如是在食堂和新的同学坐在一起，并形成很重大的决定，比如给国会写一封信。在章节开头提到过，我们不能期望孩子总是能做出最正确的决定来，但我们可以让他们为自己的行为负责。通过这样以及和孩子讨论他们决定的方式，我们将帮助他们找到适合自己的、变得勇敢的方法。

## 开启和勇敢话题相关对话的方法

● 活动1：探索大学

一般来说，我们在孩子很小的时候就开始聊大学的事情了，并且当越来越多的人问孩子的计划时，他将会倍感压力。进入大学前需要做很多准备工作，但你的孩子应该享受申请的这一过程——大学应该是充满乐趣的人生下一阶段。

请让孩子尽可能多地主导这一过程——这将会让最终的结果更加适合孩子。如果孩子正在计划前往大学，那么在他必须做出决定之前，他就应该开始探索他拥有的选项并思考申请的过程了。（这些一般都是高二的时候会做的）

首先，和孩子讨论他感兴趣的大学（规模大小、地理位置、学校类型等等）。考虑你们的资金问题以及任何可能需要去申请的经济救济。列出一个问题清单，并向学校的顾问咨询一些择校建议，看看学校是否符合这些标准，以及你和孩子都需要去做哪些准备来正式开始申请。保持一个开放的心态，不要在一开始对某一所大学投入过多的精力。如果可以的话，请参加一些不同学校组织的参观活动来探索孩子的兴趣所在。当你做完这些以后，你应该就可以将学校的范围缩小至他感兴趣的类型以及环境里了，截至孩子准备申请的前一个学期，请持续为他提供广泛的选择。

● 活动2：设置标签

通常来说，孩子总能听到其他人对他们自己的评价，比如，"我是聪明的/愚蠢的/平凡的/漂亮的/有运动细胞的/笨拙的/迟钝的/有趣的。"你也许会在开车时驶入错误的方向，并对孩子抱怨："啊，我真蠢！"但实际上你只是转错了一个弯，而这个错误并不会反映出你的常识或是能力。

虽然我们不能完全避免标签，但请告诉孩子要用多元的角度来定义自己，并帮助他理解自己是仍会继续成长并发展成为自己理想中的模样的。问问孩子他会用怎样的标签来定义自己，然后向他展示一些你会用在自己身上的标签。如果有的话，请不要害怕去使用一些消极的标签——即使是《欢乐满人间》的主人公也不过只是"相对"的完美而已。然后，问问孩子哪些标签让他感到骄傲，哪些不是。然后也分享一下你对自己标签的观点。

● 活动3：讲述一个故事——让你害怕的一次经历

分享一个让你真正感到害怕时的回忆，详述里面的细节，比如你当时的感受、穿着等等。请深挖记忆中的感情并毫无保留地分享让你感到害怕的是什么。也让孩子分享一个他真正感到害怕的时刻，然后聊聊如果重新来过的话，你或孩子在那些情况下能有什么不同的做法。请让孩子知道我们是有不同的策略和途径可选的。

## 对话的话头和提示

下面是一些提示和对话要点，可以让你和孩子开始一段关于勇敢的对话：

● **发声与激励自主**

聊聊孩子感兴趣的领域，并找出你们能做些有意义的事情的地方，例如在一个你们感兴趣的组织做志愿者，或是积极地参与各种活动。这有时可能很难实现，但是如果你和孩子对这些事情很有热情，那么就身体力行地去做出贡献吧。

- "你对什么样的组织比较感兴趣呢？"
- "我希望我们可以一起去做志愿者工作——你能想到什么你想做的事情吗？这些是我想到的点子……"
- "我注意到你总是在讨论关于（插入话题）的事情，我在想我们一起做什么可以更了解它呢？"

当谈到偏见的时候，请考虑一下你自己的信念以及它是如何影响你做决定的。首先我们要承认每个人都会有自己的偏见，所以产生偏见是一件再正常不过的事情了，而它也并不会使你变成一个坏人。但是，要明确它确实会对你的行为方式以及正在互动的对象产生影响。并且，事实上，有些人可能会因为自己的偏见而骚扰或歧视他人。

- "有些时候，人们会因为他们的肤色、民族、性别、性取向或是宗教信仰而觉得他们高人一等。你留意过这种情况吗？是什么时候注意到的呢？"
- "你对和你不同的人有什么看法呢？"
- "你觉得你是从哪里获得这些观点的？是从什么你听到过的故事吗，是你亲眼所见或亲身经历过的事吗？"
- "你会在特定类型的人旁边感到害怕或者紧张吗？"
- "你觉得自己只能跟特定类型的人交朋友吗？"

质疑你的信仰系统是理解自己偏见的第二步。下面是一些你可以和孩子一起回答的问题。

- "你会对那些和你不同的人感到好奇吗？你想知道关于他们的哪些事情呢？"
- "人与人之间的差异是积极的还是消极的，体现在哪些方面？请从两方面分别举例。"
- "你是否过快地对别人做出了评价，然后发现自己其实错怪了对方？你从中学到了什么？"

重建我们的判断并消除偏见是整个过程中的第三步。清楚地认识到我们从哪里来又将去向何方是我们一生追求的目标。请真正地去审视自己是如何看待和对待其他人的，这将是成为一个更富有同情心的人，以及与他人建立更密切联系的艰难一步。

- "我们怎样才能消除对他人的偏见和评判呢？"
- "做这些事情对我们有什么好处？"
- "你要怎样才能培养自己对他人拥有更多的同情心和同理心呢？"

● **欺凌与被欺凌**

关于欺凌，请对孩子保持诚实和开放的态度。谨记，大多数孩子的行为都是正常的，所以不要因此而感到恐慌。但同时也要清楚地告诉孩子你对他的期望，以及当他发现自己在欺凌的任何一方时，他能怎么做。

- "我今天接到了学校的电话——你对这件事有什么想说的吗？"
- "看起来你和_____的关系不如从前了，这是真的吗？"
- "有什么事情让你感到不安吗？"
- "我今天看到了一个关于欺凌的故事，想要和你分享一下。"

● **情绪上的健康与焦虑**

请不时地去关心一下孩子的情绪状况。让他试着去表达自己的情感。时常的关心会让你有一个关于孩子情绪的基准线,这将帮助你确定他的情绪是否超出了"正常"水平,以及是否需要你更多的关注和帮助。

- "情感就如彩虹一样丰富多彩。也许红色代表着愤怒,蓝色代表着悲伤,粉色代表快乐,紫色代表焦虑。你也可能一次性感受到多种情绪的存在。你现在是什么感觉呢?"
- "那种感觉让你想要做什么呢?"
- "试想一下我们的行为是如何反映出感受的。例如,假如我们很悲伤的话,我们也许整天都昏昏欲睡,但我们需要思考这种行为(睡觉)是否会助长这种我们消极的感受。什么样的行为又会反映你感到的幸福呢?"
- "强烈的情绪有时会让人感到害怕,并且某些感觉,例如强烈的伤感或焦虑,是应该向大人倾诉的。你有没有过那样的感觉呢?你知道有哪些人有过类似的感觉吗?"
- "你看起来和往常不太一样。你察觉到自己的变化了吗?是如何察觉到的呢?"
- "你有没有想过向他人敞开心扉?哪种情况下会让你更愿意去分享你的感受?我能帮到你什么忙吗?"

## 帮助满是焦虑的孩子

以下三个简单的技巧可以帮助孩子（甚至是成年人！）去"摆脱"情感的焦虑状态：

**深呼吸。**吸气，在当下想一个积极的方面："嗨，我感觉良好，我可以做到！"呼气，想想你希望它消失的事情："拜拜了，我那些不如人意的表现！"

**解压玩具。**当孩子感觉那些使他们焦虑不安的想法一直在脑子里没完没了盘旋的时候，他们会很希望有一些能去摩挲或是触碰的东西。我的一个患者很喜欢我办公室里放着的那块羊皮毯，所以我们从上边剪了一块给他，作为"安全毯子"放在他的口袋里。这块纤维制的东西给他带来了很大的安全感，并且他很高兴他能带着这块东西去任何地方。这种将思想转变为实物的行为是让人感觉很踏实的。这将我们带回了当下，也增加了我们的可控性——一种我们是可以对事情的结果产生影响的感觉。

**深而用力的拥抱。**这是另一种让人感觉踏实的技巧。当人们感到担忧时，他们会倾向于把事情描述得支离破碎并且让人感到"崩溃"。一个深深的拥抱或是温

> 柔的揽肩动作可以帮助身体放松下来，并有种脚踏实地的踏实感。这种物理的感觉可以刺激副交感神经系统，最终达到使身体冷静下来的效果。

- "当你倍感压力的时候是什么样的？你是如何知道自己深陷压力的呢，你会怎样处理它？有什么健康的方法来应对压力过大的问题呢？"

压力通常可以通过交流和表达自己获得释放。如果你觉得孩子正在因为压力、焦虑或是其他精神健康问题而感到困扰，你可以向你们的儿科医生寻求帮助，并且请求他们推荐一个心理健康专业人士。即便你不想引发恐慌，你也确实应该尽快表达你的担忧。

● 独立和转变

孩子应该知道你的工作之一就是帮助他们成长为自立的人。并且，在理想情况下，你一直都在给他机会去证明自己的责任感。请通过和孩子聊聊他的理想和愿景来帮助他变得独立。

- "当你长大了想要成为什么样的人呢？"
- "你觉得你长大了之后会做什么呢？"
- "什么样的工作或角色最能够反映你自己？"

如果上大学只是一个假定的计划，请尽早并经常地规划它，同时，请留意由此产生的任何顾虑或限制。如果孩子不愿意去或是不想立马就去的话，请帮助孩子制订一个备选方案。你可以考虑和学校的辅导老师进行沟通来获取更多的帮助。

- "你和你的指导老师聊过如何开始选择大学的事情了吗，他说了什么？"
- "你想来个一日游，参观一些学校吗？"
- "你梦寐以求的学校是什么样的？为什么会选择它呢？"
- "对于你来说择校的时候哪些最重要（体育、艺术课、具体的专业、社团、一种城市感……）？"

● **精神健康**

精神健康是父母最难和孩子提出的话题之一。请让孩子描述精神上的障碍、困难和那些让人倍感不安和无助的情绪。我们永远不愿去想象孩子正处在痛苦当中，虽然痛苦是真实存在的，不过我们总是有办法去解决它们的。我们需要让孩子明白我们是来帮助他们解决问题的。

- "你看起来很不安。介意和我们说说吗？"
- "任何人都有失控的时候。你什么时候会有那样的感觉呢？这种感觉来得很快吗？"
- "你有没有感受过一种好像永远都不会消失的内心伤痛呢？"
- "你觉得自己一年之后会是怎样的呢？五年之后呢？"
- "你觉得自己已经获得哪些帮助呢？你希望从谁那里获得更多的支持呢？你需要什么方式的帮助呢？"

● 冒险

请鼓励竞争并赞扬孩子的成功，但永远不要忘记竞争的初衷。请重点关注从失败和挫折中学习到的东西。

- "告诉我你为什么认为会这样？"

请用比喻或代入你过去的一些故事来帮助孩子去解读一段经历。

- "对于你来说那段经历意味着什么呢？"
- "我很高兴你能乐于去尝试那些东西。试过之后你有什么感受呢？"

● **处理低落的心态**

有时，当人们情绪低落时，他们意识不到现在的情况是暂时的，而那些痛苦也只会是暂时的。当我面对处于情感痛苦中的人时，我会告诉他们"内在的"或者感情上的伤痛就像骨折一样。这是一个对感情和心理上的伤害非常恰当的比喻。当你摔断了腿，你就得去医院打石膏，学会如何用拐杖一瘸一拐地走路，然后你才能回家。但最终，你会在许多的帮助和支持下恢复行走的能力。"内在的"或是情感上的伤害也是非常相似的。当你感到深深的悲伤时，你需要去寻求医生的帮助，开始的时候你会需要非常多的帮助，你也许会需要药物治疗，并需要时间去治愈伤痛。重要的是，当你受到情感上的创伤时，你需要去寻求帮助和倾诉自己，因为它和骨折不同，父母和其他人是没办法通过你的外在就能判断出你是否有这种困扰的。

- "当再次遇到相同的情况时，有什么你想做出的改变吗？"
- "你从这一经历中学到了什么？"

● **脆弱性**

请与孩子分享你在职业生涯或是个人生活中那些不得不

妥协的时候。告诉他这并没有使你变得软弱，它只是你因为这段经历而成长的一部分。

- "你曾经有过必须妥协的时候吗，你是怎么做的？你会想做出什么改变吗？"

分享你展示出勇气的时刻。

- "勇敢对你来说意味着什么？你曾经有过被迫变得勇敢的时候吗？能再多跟我讲讲吗？"

## 实际对话

你十七岁的儿子怀着忐忑的心情走到你的面前，向你坦白说他对上大学并不感兴趣。你们一直计划好是要上大学的，或者至少你是这么想的，但你失算了。你的儿子已经参加了大学入学考试，去听了学校的申请咨询，甚至参观了好几所大学，但却从没暗示过他可能根本就不打算上大学。现在你才回想起来，他好像确实对是否要去你提到过的学校表现出了些许迟疑，但你丝毫回想不起来他什么时候说过自己不想去上大学。

首先，请进行一次深呼吸——记住尘埃落定之前一切皆有可能。除此之外,你们还没有做出最终决定。最重要的一点是,你的儿子需要依托自己的意愿发展,如果他没有准备好或是对上大学根本没兴趣,那么强迫他去上大学可能会适得其反。请把他的迟疑当作是你们深入交流的一次机会。

请以询问孩子开始。承认他说的话,理解他的想法和担忧。当然,你也可以向孩子表达你的震惊。

- "我一点都不知道你有这样的想法。你打了我个措手不及。我可能需要一些时间来消化这些。但我很高兴你能跟我分享这些事情。这个事情你已经考虑很久了吗?"

如果你需要一些时间,那就缓一缓。当你准备好继续进行这段谈话时,试着问问他这个念头是因何而起的:

- "你看起来对自己的决定很有自信,是吗?"
- "你怎么突然就变了主意?是什么东西启发了你,让你有了这种转变,还是我没有注意到这过程中你的一些暗示?"
- "你对申请过程或是要离开家感到害怕吗?"
- "你会考虑去离家近一点的学校或者在当地的社区大学里上几门课吗?"
- "你和学校的指导老师谈过了吗,他的建议是什么?"

如果你的儿子觉得他的决定是不会被动摇的话，与其试图强行改变他的意愿，不如试着让他思考自己做决定的过程。看看有没有什么欠考虑的地方？和他聊一聊他之后的打算。

- "你短期和长期的目标分别是什么呢？"
- "如果不去上大学的话你能去做什么呢？"
- "在你看来，上大学会是一个长期的目标吗？"

事实上，你的儿子正在成长，并可以从十八岁开始，在法律允许的条件下自己做决定了。在理想情况下，你将会和他在成年生活中一直维系这种牢固的关系，并且如果这就是你的目标的话，那么在上大学这件事上保持强硬的立场并通过一些金钱（或其他）手段来逼迫他上大学并不会是达成这个目的最有效的方法。这也许能让他获得大学学位，但这并不会使他最终做到真正的独立。而且，这很可能会让你们之间产生一种难以弥补的裂痕。

"倾听就是有意愿跟随对方的想法做一些改变,温柔地向对方靠近。"

马克·纳博(Mark Nepo)

# CONCLUSION

## 结　语

我跟我的朋友提到这本书马上就快完成编辑了，她就问了我许多关于这本书的事，还跟我说她非常迫切地想要和她青春期的女儿进行沟通。关于她的女儿，她有很多可以炫耀的事情——作为一个高三的学生，她的女儿不仅是足球队和曲棍球队的队长，她还是学生会的会长，一个正在上四门AP（跳级类）课程且分数全优的学生，现在还有一大堆的精英大学正等着招她入学。但这位母亲用谨慎的语气向我坦白："……她并不是特别友好。所有人都觉得她很好——她确实是——但她很刻薄。她并不觉得需要被管教，她觉得自己就能做好。"

这位母亲觉得她花了过去的十七年养了一只小白眼狼，

并且她和她的老公对此已经感到束手无措了。在她发泄完以后,我向她询问:她产生这样的想法有多久了?这是新出现的问题,还是早就出现并逐渐发展出来的?我从中得知这对母女以前其实是特别亲密的,并且作为一个局外人,很显然孩子的行为是成长过程中正常的一部分。她正在变得更加独立,并试着去独立解决一些问题。我们应该赞扬这个年轻女性所有的成就,但同时,更重要的是去欣赏她本身。我们也应该提醒并重建她母亲对她的那些期望。孩子也有她自己的压力——取得高成就的人可能会觉得成为所有人期望他们成为的样子是一种不可能完成的任务。这对母女真正需要的其实就是重新去和对方沟通。

这本书的创作对我们而言其实也是一次冒险,因为我们从中学到了更多教育的艺术以及心理学和教育学之间的联系。在创作本书的时候,我们运用专业知识和个人经验形成了这些想法和活动,它们将帮助你去寻找在教育这条路上的航行方向。

在策划和撰写的时候,我们花了大量的时间去思考我们与孩子的对话:它们的频率是什么样的;有多少是在没有提前准备好的情况下进行的;当事情不尽如人意时,我们是怎样被迫转换语气或是暂停并重新开始对话的。我们与孩子分享了本书的内容并邀请他们也一起参与进来。我们非常感谢他们做出的贡献,但我们更感谢他们的参与,因为正是我们的对话本身启发了这本书的创作，同时，这还帮助我们与孩子建立了更亲密的关系。对话起初是一种建立联系的方式，但之后，它们将会为那些加深我们之间关系的话题、互动、想法和故事打下基础。

和孩子沟通的方式并不是绝对的，在你不断地进行尝试以后，你就会找到最适合你们的沟通方式。请以耐心和恒心去对待、浇灌你们的对话。记住，每个孩子都是不同的，每一段关系也是不同的，所以在某个孩子身上管用的方法并不一定会在另一个孩子身上起到同样的效果。当你们的关系停滞不前的时候，你可以把本书当作一个指南，让沟通重新运作起来。

你和孩子的对话不仅会加固你们的关系，还会让他们更加了解你和他们自己。受益于你花费在他们身上的沟通时间，你的孩子将会变得更加强大，并更擅长与他人建立各种各样的关系。

"对话起初是一种建立联系的方式,但之后,它们将会为那些加深我们之间关系的话题、互动、想法和故事打下基础。"

# 推荐资源

## ● 组织机构

- 美国儿科学会 American Academy of Pediatrics
  www.aap.org
- 美国预防自杀基金会 American Foundation for Suicide Prevention
  www.afsp.org
- 美国心理学会 American Psychological Association
  www.apa.org
- 亲子沟通中心 Center for Parent and Teen Communication
  http://parentandteen.com
- 挑战成功[1] Challenge Success
  www.challengesuccess.org
- 常识媒体 Common Sense Media
  www.commonsensemedia.org
- 美国全国精神疾病联盟 National Alliance on Mental Illness
  www.nami.org
- 美国国家自杀预防生命线 National Suicide Prevention Lifeline
  www.suicidepreventionlifeline.org
- 自然快感 Natural High
  www.naturalhigh.org

---

1 编者注：美国非营利教育机构，由斯坦福大学教育学院教授创立的家长教育和学校咨询组织。

- PBS 家长（教育资源、提示及建议）PBS Parents
  www.pbs.org/parents/education/going-to-school/social/
- 真实的色彩：性少数青少年及家庭服务 True Colors: Sexual Minority Youth and Family Services
  www.ourtruecolors.org

## ● 书籍

- 《群体性孤独：为什么我们会更依赖科技而不是彼此》，作者谢里·特克尔（Sherry Turkle）
- 《B 减也是好分数：用犹太人的教育方式养育有韧性的孩子》，作者温迪·莫戈尔（Wendy Mogel）博士
- 《充满欺凌的国家：为什么美国对于儿童攻击行为的解决方法对所有人都有害》，作者苏珊·伊娃·波特（Susan Eva Porter）博士
- 《勇敢依旧：勇于展示自己的脆弱是如何改变我们生活、爱、为人父母和领导的方式的》，作者布琳·布朗（Brené Brown）博士，认证社会工作者
- 《怎样和你的孩子谈论你们的离婚：适合你们正在变换的家庭的健康而高效的对话技巧》，作者萨曼莎·罗德曼（Samantha Rodman）博士
- 《怎样说话才能让孩子去倾听，怎样倾听才能让孩子去说话》，作者阿黛尔·法伯及伊莱恩·玛兹丽施
- 《终身成长：重新定义成功的思维模式》，作者卡罗尔·德韦克博士
- 《别那么快：教会你的孩子驾驶的危险》，作者蒂姆·霍利斯特（Tim Hollister）及帕姆·沙德尔·费希尔（Pam Shadel Fischer）
- 《建立儿童和青少年韧性的家长指南：给你的孩子根和翅膀》，作者

肯尼思·R. 金斯伯格，医学博士，教育学理学硕士
- 《培养孩子茁壮成长：在爱、期望、保护和信任中找到平衡》，作者肯尼思·R. 金斯伯格，医学博士，教育学理学硕士
- 《做数字时代的明智家长：让孩子成为数字产品的受益者》，作者约迪·戈尔德（Jodi Gold），医学博士
- 《一个安全的基础：亲子依恋和健康的人类发展》，作者约翰·鲍尔比（John Bowlby）
- 《教育青少年的生存指南：和孩子聊性爱，饮酒，毒品和其他让你感到害怕的东西》，作者若阿尼·盖尔特曼（Joani Geltman），社会学博士
- 《和你的孩子聊性：把"聊那个"变成受益终身的对话》，作者劳拉·伯曼（Laura Berman）博士
- 《教子有方：通向真正成功的育儿法》，作者马德琳·莱文（Madeline Levine）博士
- 《青少年家长感到的不平常》，作者迈克·里埃拉（Mike Riera）博士
- 《语言急救：帮助你的孩子走出害怕和伤痛——并变得更加强大》，作者朱迪思·西蒙·普拉格（Judith Simon Prager）博士及朱迪思·阿科斯塔（Judith Acosta），社会工作师，注册催眠治疗师

# 关于作者

艾米·阿拉玛尔博士深耕教育领域逾十五年，曾担任科任教师、教授、家庭教育指导者以及教育改革者。她在学生压力、家长参与度、学习与教学、课程设计及实施，以及将教育研究应用到促进参与和沟通等领域开展了重要研究。

在 2014 年的年末，阿拉玛尔博士出版了她的第一本书，《天才教育：通过反思练习来达成自信教育》（*Parenting for the Genius: Developing Confidence in Your Parenting through Reflective Practice*）（出版于 Genius Press）。为家长成为最贴心、最自信的父母提供综合指南，它包含了能引导和帮助孩子度过整个成长阶段的个人轶事和具体细节。阿拉玛尔博士不仅是迪士尼教育网站 Babble，心理学博客 *Hey Sigmund* 的作者之一，还是博客节目 *Parenting Beyond the Headlines* 的主持人之一。

作为 Gooru 教学和指导的主管，阿拉玛尔博士也会参与 K-12 学校数字化课程的设计和实施。在此之前，她还曾经在斯坦福大学的 Challenge Success 里担任过学校项目主任一职，在那里，她负责监督成员学校的课程设置，并为初、高中教师讲解职业发展和家长教育。

作为一个经常在家长这个群体面前进行演讲的人，阿拉玛尔博士对许多话题都有所了解，这包括学生的压力和幸福，如何培养一个在信息时代出生的数字原生代，以及如何培养孩子的品质，等等。除此之外，她还会举办教职工发展的研习会，并聚焦在学习的参与度、专业的沟通方式，以及课程的设计上。在2016年，她被奥巴马总统夫人米歇尔邀请到了白宫去讨论孩子健康的问题。

阿拉玛尔博士目前已婚并育有三个孩子，她享受与孩子们朝夕相处的时光，并会日常向孩子们学习。她住在美国康涅狄格州一个叫埃文的地方，在那里，她致力于推动和加强优秀的教育，同时也是沃金森学校和埃文教育基金会的董事会成员之一。更多阿拉玛尔博士的详情请见：www.amyalamar.com。

克里斯廷·施利希廷博士是一位融合了心理学、组织行为学和健身健康理念的创新者、企业家、问题解决专家及变革推动者。她在美国康涅狄格大学获得了她的心理学博士学位，且是一位在康涅狄格州的持证心理学家。她还曾在威斯康辛麦迪逊大学就读硕士学位的时候接受过认知行为与焦点解决疗法的专业训练。

在过去的十年里，施利希廷博士"打破了"传统对话心理治疗的"盒子"，并形成了一种全新的、基于近期神经科学发展而产生的模式（i治疗）。通过指导她的员工对这一模式的实施，她确保了所有HHS医生的治疗都是基于这个模式之上的。除此之外，施利希廷博士还会为儿童、青少年和成人提供个人、群体及家庭的心理治疗。

施利希廷博士在焦虑、群体动力学及视频自我示范性治疗等领域进行了广泛研究。她的研究结果是充满革新性的，并被发表在各种各样的文章和书籍中。她周游英国各地，为各种会议、医疗诊所、学校及公司提供咨询、研讨和培训。她的多媒体培训充满互动性且目的性很强，同时，其中所有的内容都是直指高效而相关的实践的。通过她在全国各地为行政人员提供的优秀的临床工作，施利希廷博士被健康网基金会，一个致力于把商业领袖和杰出的医疗服务提供者联系在一起的私人组织，任命为顶级服务提供者。

施利希廷博士是一个致力于帮助所有儿童和成人充分发挥他们潜力的有力倡导者。同时，她还是一个阅读困难、书写困难、注意缺陷多动障碍和学习障碍的孩子的母亲，所以她深切地理解很多家长所面临的困难处境。在她的闲暇时间里，她喜欢和家人一起进行刺激的冒险。